신현림 에세이

아무것도 하기 싫은 날

현자의 숲

아무것도 하기 싫은 날

1판 1쇄 발행 2012년 8월 12일
1판 5쇄 발행 2013년 3월 20일

지은이 신현림
펴낸이 이임광

펴낸곳 현자의숲
전화 02)333-8276
팩스 02)323-8273
등록 2011년 7월 20일 제 313-2011-204호
주소 서울시 마포구 성산동 261-38번지 베아트리스 101호
e-mail goodbook2011@naver.com

ISBN 978-89-97758-10-4 (03810)

신현림 에세이

아무것도 하기 싫은 날

나를 사랑하기 좋은 날

현자의 숲

차례

두려워하고,

지겨워하고,

차마 말할 수 없는 것.

그것이 나다.

–

피터 한트케

당신은 바다사자처럼 누워 계셔요

겉보기엔 멀쩡해보여도 가눌 수 없이 외롭고, 연탄처럼 속이 까매진 당신이 보이네요.

홀로 슬프고 맥이 빠져 찹쌀떡처럼 추욱 몸이 늘어졌군요.

그래요, 당신은 바다사자처럼 누워 계세요.

세수도 안 하고 속살이 훤히 보이는 속옷을 입고 뒤척일 때 지친 하마같이도 보여요.

그래도 귀여우세요.

애써 꾸미지 않아도 당신은 아름다워요.

나는 왜 이럴까

더 이상 살아도 즐거운 일이 없을 것 같아요.
이 몸 건드리면 금세 허물어질지 몰라요.
그나마 남은 것도 다 잃을지 몰라요.
모든 노력이 물거품이 되는 기분이에요.
지쳤어요.
다 그만두고 싶어요.
수입도 들쭉날쭉이고 입안은 다 헐고 오늘따라 더 늙고 쓸쓸해 보여요.
나는 왜 이럴까.
버림받은 심정일 때 절망적인 생각들로 가득 찹니다.
모든 은총이 나를 비껴가는 것만 같아요.
나는 강물처럼 몹시 뒤척였어요.

다행히 나를 덮은 이불은 젖지 않았어요.
다만 음악이 몸을 어루만지고 흘러가길 바랐죠.
작더라도 내게는 참 착한 라디오를 틀었어요.
마침 나오는 노래는 폴 사이먼의 노래였어요.

The boy in the bubble

우리가 영원히 축복받을 수는 없어요.
내일은 또 일을 해야 하니.
조금이라도 쉬려고 애를 쓰고 있죠.
그게 제가 애쓰는 전부예요.
좀 쉬는 것 말예요!
가사가 몹시 가슴에 와 닿아요.
언제나 축복받으려 해서 힘든 걸까요.
인생은 늘 좋은 일만 있지 않아요.
쉬고 싶은 마음이 언제나 간절할 뿐이지요.

왜 아무것도 하기 싫을까

커튼을 살짝 들어올렸어요.
은은한 햇살이 한줄기 쏟아져 들어왔죠.
햇빛이 들어와도 위태롭고 쓸쓸했어요.
내 옆에는 아무도 없어요.
베개만 끌어안은 몸은 잔뜩 쌓인 세금고지서처럼 무거워요.
머릿속은 멍하고, 아무 생각도 나지 않아요.

"아, 일어나기 싫어."

"아무것도 하기 싫다."

사람 목소리가 그리웠어요.
전화라도 걸고 싶었어요.
아침부터 실례가 될까 싶어 마음을 접었어요.
그래도 용기를 내어 혼자 사는 후배에게 전화를 걸었어요.
그 후배도 사람 목소리가 그리울지 모른다고 생각했죠.
다행히 나처럼 아무것도 하기 싫다는군요.
반가웠어요.
후배에게 물었어요.

"왜 너는 아무것도 하기 싫으니?"

"할 수 있는 일이 없으니까요. 어디서도 불러주지 않잖아요. 너희가 할 일이 없는 건 너희 잘못이라고 말하는 어른들이 있다면 주먹으로 날려주고 싶어요."

울먹울먹한 후배의 목소리에 아무 말도 못했어요.
나도 크게 다르지 않으니까요.
창밖으로 보이는 하늘은 너무나 파랬고, 빨랫줄에 널린 흰 셔츠는 더 희게 펄럭였어요.

나는 후배를 달래주고 싶었어요.

“마음을 좀 비워 봐.”

“비울 마음도 없어요. 다 내 탓이죠. 제발 기나 죽이지 않았으면 좋겠어요.”

후배 목소리는 냄비뚜껑이 바닥에 떨어지는 소리처럼 슬프고 컸어요.
난 더 해줄 말이 없었어요.

“아무것도 하기 싫은 날엔 그냥 아무것도 하지 마렴.”

말은 그렇게 했지만, 그래도 할 일을 찾아보기로 했어요.
후배를 위해.
나를 위해.

스마트한 수달이 부러워

집에 수달 그림이 있는 엽서 하나가 책장 아래 뒹굴고 있었어요.
일어나기 싫어 팔을 최대한 길게 뻗쳐보았죠.
간신히 엽서 끝을 잡았어요.
다시 놓쳤어요.
일어나기 싫은 몸은 수달에게 가까이 갔어요.
일어나기 싫은 몸이 조금 길어진 것 같았어요.
이왕 길어지려면 슈퍼모델처럼 길어지지 하는 아쉬움 속에서 다시 몸을 끌어내렸어요.
움찔거리기 싫은 몸을 움직이려면 꼭 몸이 내 것 같지 않아요.
커다란 짐을 옮기는 듯이 말을 안 들어요.
그나마 다행이에요.

엽서를 잡은 게 어렵게 수달을 잡은 것처럼 흥겨웠어요.
이불 개듯 무릎을 오므린 채 누워 엽서를 펼쳐보았어요.
수달 두 마리가 그레이스한 자태로 누워 어딘가를 바라보고 있었어요.
그레이스한 눈빛으로 그윽한 것이 위엄까지 있어 보였어요.
그레이스함은 스마트하지 않으면 배어나올 수가 없지요.
사람도 스마트할 때 그레이스해 보이거든요.
큰 글씨로 '기쁨 joyfulness'라고 쓰여 있고, 그 위에 있는 글귀가 눈에 들어왔어요.

「불쾌한 상황에 부딪혀도 좋은 태도를 유지하는 것.」

이것이 무얼 뜻하나 생각했어요.
기쁨이라는 건 두렵고 불쾌하더라도 좋게 생각한다는 뜻이겠죠.
뒷면에는 수달에 대한 이야기가 있었어요.

「갓 태어난 수달은 물을 두려워한다. 그래서 어미가 어린 수달을 개울가나 호수로 데리고 가 물을 조금씩 뿌려준 다음 물속으로 데리고 들어가 점차 물에 적응시킨다. 그렇게 하면 어린 수달은 두려

웠던 경험이 기쁨과 좋은 것이 됨을 알게 된다.」

이렇게 수달이 기뻐하니 강가의 물은 더 즐겁게 찰랑거리는 듯했어요.

강물은 더없이 매끄럽고 아름다웠어요.

그런데 이게 웬일이에요?

아기 수달과 엄마 수달이 말하는 소리가 들렸어요.

숨을 죽이고 귀를 기울였어요.

"엄마랑 있으면 뭐가 달라도 달라요."

"뭐가 다른데?"

"강물 색은 더 푸르고, 해는 더 빨갛고, 엄마도 더 반짝여서 특별한 수달로 보이고, 엄마랑 있어 편안해선지 나도 멋져지는 거 같아요."

"그래, 우리가 사람이 아닌 수달인 게 얼마나 다행인지 몰라."

엄마 수달은 아기 수달을 끌어안고 무척 행복해하는 표정으로 말했어요.

나는 잠시 스마트한 수달이 부러웠어요.

인터넷도 스마트폰도 없이 잘 사니 좋겠다고 생각했어요.

더없이 간단한 인생을 사니 참 편하겠죠.

스티로폼 세상

엄마 수달과 아기 수달의 목소리가 다시 들렸어요.
아기 수달이 말했어요.

“엄마, 사람은 어때?”

“죄다 스티로폼 같지.”

“스티로폼?”

“며칠 전 흰색 판자 같은 게 강물 위에 둥둥 떠다녔잖니?”

"아, 바람만 불면 쉽게 날아가고 물에 떠서 흘러가던 그거?"

"응. 접착제처럼 누가 붙잡아주지 않으면 어디에도 들러붙지 못해 떠도는 사람들이란 뜻이야. 사랑하는 사람들이 곁에 있어도, 따사로운 햇살이 들어도, 시원한 바람이 불어도 행복할 줄 모르지. 가끔 누워서 멍하니 있을 수 있는 기쁨도 몰라."

바람이 몹시 불던 어제 낡은 빌라 시멘트벽이 너덜대더니 그 안에 붙인 난방용 스티로폼이 하나둘 너울너울 떨어졌죠.
급기야 우르르 예닐곱 개가 떨어지는 모습을 두려움과 놀라움 속에서 바라본 게 생각났어요.
엄마 수달은 최대한 아기 수달에게 스스로 인생의 주인으로 사는 법을 가르쳐주었어요.
텔레비전이든 컴퓨터든 스마트폰이든 그 어떤 스크린에서도 인생의 주인으로 사는 법을 가르쳐주진 않죠.
함께 있는 것만으로도 행복을 찾아내는 수달이 부러웠어요.
소나기라도 쏟아졌으면 좋겠어요.

'안 돼! 물이 불어 내가 스티로폼처럼 둥둥 떠다니면 큰일이니까.'

스마트폰 귀신

나는 엄마 수달 얘기를 더 가까이 듣기 시작했어요.

"사람들은 전부 스마트폰 귀신이 달라붙었어. 그 덩어리를 아예 몸에 달고 살지. 빨간 해도 은빛 달도 찬찬히 보고 기뻐할 새도 없단다. 먹고사는 일로 바빠서지만, 그래도 내일 죽을지도 모르는데 그 기계만 붙잡고 산단다. 그 귀신이 씌이면 어영부영 시간이 가거든. 한 시간에 몇 번씩 비밀번호를 찍고 열어보는지 놀랄 정도야. 인터넷도 끌 줄 모르고, 핸드폰도 멀리 둘 줄 몰라. 자신을 위해 시간을 비워둘 생각조차 없어. 어떻게 쉬는지도 모르고."

물속으로 뽀르르르 달리다가 고개를 내미는 아기 수달은 엄마 수달한테 물었어요.

“엄마는 그걸 어떻게 알게 됐어?”

“이 강가에 신현림이라는 작가 뭔가가 친구랑 와서 하는 얘길 귀담아들었단다.”

“그 작가 뭐신가도 귀신 들렸나요?”

“아직 안 들렸어. 귀신 들릴까 무서워 한강 끝자락으로 반성하러 왔지. 시인이랍시고 예지력은 있더라고.”

나는 깜짝 놀랐어요.
엄마 수달의 입심과 빠른 상황판단력이 무서워지기 시작했어요.
아기 수달은 엄마 수달에게 또 물었어요.

“사람은 스마트폰 귀신이 붙으면 어떻게 되나요?”

“자꾸 얄팍해져 스티로폼이 되지.”

"스티로폼처럼 가벼워진 후 어떻게 되는 거야?"

"반짝이는 별도 못 된 채 먼지 부스러기나 되는 거지, 뭐."

"그럼 우린 별이 되나?"

엄마 수달은 고개를 끄덕였어요.
자기들은 별이 되고, 사람은 먼지 부스러기나 되려 태어났나 하는 자괴감과 수치심에 몹시 슬퍼졌어요.
스마트폰을 갖고 있다고 해서 스마트해지는 것이 아님을 알지만, 스마트한 수달만큼도 잘 못 살고 있는 듯해 살짝 화가 났어요.
넘치는 정보량에 지적 수준이 높아지고 지혜로워진 듯이 착각하지만, 우리는 스크린처럼 점점 얄팍해지고 있어요.
소처럼 되새김질할 시간도 없기에 소보다도 못한 삶.
정말 흙냄새 나는 진국의 사람도 못된 채 외롭게 자기만 알다 황천길 가는 건 아닐까요.

빈자리의 공포

우리에겐 빈 곳을 보면 가만히 못 있는 습성이 있어요.
이것을 스피노자는 공간공포라고 했어요.
빈 곳을 채우지 않으면 안 되는 두려움.
이젠 인생의 빈 공간을 채우는 일이 버거워요.
택배아저씨를 불러 나를 어딘가로 보내버리고 싶은 지경에 살림을 늘리는 욕심을 부려 뭐 할까요.
눈을 감으면 숨 막히게 꽉 찬 도시의 풍경을 지울 수 있을까요.
비어 있는 옆자리가 허전해 못 견디게 당신이 그리워질 때 빈자리가 없어 답답한 집 안과 도시를 보면 이 순간도 견딜 만해요.

빨래집게 같은 사람

한없이 나약해진 몸과 마음을 이끌고 침대에 누웠어요.
하루하루가 실수와 후회와 실망과 자책으로 가득해요.
매일 사람들은 빨래집게처럼 떨어져 아주 간단히 죽어요.
유행처럼 떨어지고 있어요.
빨래집게도 못 되어 보고 죽다니.
죽었다는 뉴스를 들을 때만 아파하고 사람들은 금세 잊어요.
새빨간 빨래집게가 떨어진 것뿐인데 하며 쉽게 지나치지요.
사람은 적어도 빨래집게는 아니잖아요.
겉에 드러난 세상만 보려니 뭐가 제대로 보이겠어요.
깊은 인생이란 뭘까 물을 새도 없는데.
살다보면 뜻깊은 인생이 오겠죠.

누구나 그런 날을 꿈꾸며 일해요.

수많은 고독감을 이기면서요.

뜻깊은 인생은 세속적인 성공이 아니에요.

서로 사랑하고 사랑받고, 보살피고 보살핌을 받으며 인생은 뜻깊어지니까요.

죽 늘어선 빨래와 빨간 빨래집게가 바람에 나부낄 때 더 따스해보이듯이요.

서로에게 이렇게 말하면 어떨까요.

"힘들면 얘기하세요. 들어줄게요."

샌드위치로 책을 만들면

나는 크렌베리 샌드위치와 아메리카노와 뜨거운 우유를 시켰어요.
커피를 마시며 해 지는 거리를 바라봤어요.
해 지는 거리의 사람들이 붉게 물들고 있었어요.
한 출판사 사장님이 했던 말이 생각났어요.

"너무 책이 안 팔려. 언제쯤 사람들이 TV를 보듯이 책을 읽으려나."

사람들은 책을 봐야겠다고 늘 결심만 하죠. 정말로 실천하려면 20년은 걸릴 거예요.
크렌베리 샌드위치를 한입 먹자 오랜 전통만큼 오묘한 맛이 났어요.
책에 들인 세월은 더 깊은데….

그 깊고 오묘한 책 맛은 모른 채 샌드위치 맛만 보며 사는 내가 부끄러웠어요.
얼마 전 친구가 말했어요.

“책만 잡았다 하면 잠이 와. 책은 마취제야.”

잠이 오는 고비만 넘기면 진짜 책 맛을 느낄 수 있을 텐데 왜 그 고비를 못 넘길까요.
달콤쌉싸름한 책 맛을 모르니 흐린 하늘도 속상한지 식초처럼 시게 비가 오는군요.

멀쩡해보여도 나름 사연이 있어

이런저런 일이 있을 때마다 서로 의지가 되어주는 소중한 친구.
그 친구가 실업자가 되었어요.
친구는 실업자란 말은 실업가로 종종 혼동이 되기도 해서 마음만은 실업가로 생각하며 견딘대요.

'빡센 노동이지만, 이 불황 중에 비정규직이라도 어디야.'

나도 이렇게 되뇌며 힘을 냅니다.
쾌쾌한 냄새가 나는 사랑방 문을 열어젖히고, 툇마루에 앉아 가만히 있어 봅니다.
기운을 하나로 모은 채.

돌고래처럼 매끈한 몸을 어루만지며 자연스러운 바람결 따라 논스톱으로 흘러가고 싶어요.

쉴 때는 잉여인간이구나 자학하지 마세요.
겉보기엔 멀쩡해도 다들 나름의 사연이 있어요.
당신은 잠시 쉬고 있는 거예요.
걱정하지 마세요.
쉬고 난 후에는 훨씬 강해질 테니.

강한 척 말고 울어 봐요

주변에서 연애쟁이들을 보면 남자 보는 눈이 뛰어나고 필사적으로 자신을 잘 가꾸고 노력하네요.

사느라 바쁘면 나돌아다닐 시간이 없습니다.

한 친구는 집에만 있으면서 뭔가 일어나길 바라는 건 도둑 아니냐고 핀잔을 주네요.

필사적으로 노력하는 대로, 지혜롭게 행동하는 대로 사업운과 연애운이 트이겠죠.

느긋한 마음이 중요하죠.

조바심 내면 반드시 실수하니까요.

맘에 드는 사람이 있다면 느긋하게 다가가야 자신의 장점을 맘껏 보여줄 수 있어요.

환경을 바꾸려면 원인을 바꿔야죠.

그 원인은 자기의 사고방식, 즉 상상력의 문제고요.

남자 여자 따지는 걸 싫어하는 나도 남자의 고달픈 점을 한참 생각했어요.

술이란 술은 억수로 마시려 드는 게 울고 싶어서가 아닐까 하고요.

여자도 마찬가집니다.

내가 로맨스영화나 순정만화를 즐겨보는 것도 울고 싶어서, 맑은 눈물이 그리워서란 생각이 들어요.

「외롭다고 울 수 없는 만큼 남자들은 괴로운 건지도 몰라.」

내가 본 만화의 한 대목이에요.

막상 울고 싶을 땐 눈물도 나오지 않죠.

손수건은 준비되었답니다.

제발 강한 척 말고 울어주세요.

길가의 크라잉 룸

눈물도 흘릴 테면 흘려보세요.

그동안 받은 스트레스와 외로움이 눈물에 섞여 나올 테니.

혼자서는 불안하고 무서울 때가 있어요.

한기가 느껴질 때도 있지요.

바쁘지 않으면 쓸모없다 여길까 봐 더 바쁜 건 아닌지요.

어느 날 모자를 푹 눌러쓰고 충무로역 출구로 가는 계단을 오르고 있었어요.

오르는 층계에는 노점상이 있고, 층계를 빠져나와도 노점상이 있었죠.

늘 익숙하던 풍경도 어느 날 자신의 감정에 따라 비로소 그곳에 무엇이 있었는지 느끼잖아요.

그날따라 흐리고 날이 저무는 다섯 시 반이었어요.
출구를 빠져나오자마자 휠체어를 탄 노점상아저씨가 보였어요.
양말 파는 노점상아저씨는 책을 보고 있었고요.
그 모습을 보자 눈물이 핑그르르 돌더니 그만 쏟아져버렸어요.
우리는 비장애인이면서도 책을 안 읽어요.
이 가혹한 세상에서 책으로 자신을 가다듬고, 희망을 찾는 그가 아름답기도 했지만, 이 가혹한 세상에서 순간 눈물 흘리는 이유를 물어줄 사람이 아무도 없다는 사실이 서글펐어요.
이 가혹한 세상에 그나마 눈물이 나고, 길에서라도 눈물 쏟을 공간이 있다는 것이 다행이라면 다행이죠.
길에서 우는 사람, 방에서 우는 사람, 화장실에서 우는 사람, 애인 품에서 우는 사람, 강아지 품, 고양이 품을 찾아 우는 사람.
저마다 크라잉 룸이 있어요.
멀리 갈 필요도 없이 길에서 울 수 있어 다행이라 여겼어요.
크라잉 떡, 크라잉 베이커리.
내 떡, 내 빵도 울고 있어요.

당신이 있어 더 행복합니다

원시인류가 음침하고 습습한 동굴 속에서 수렵으로 먹고살 때의 모습을 그려보았어요.
사는 건 다 똑같았을 테니 그 모습을 상상하기란 그리 어렵지 않지요.
빨간 모닥불이 꺼지고, 같이 얘기하던 가족은 잠들고, 홀로 부스스 잠에서 깨어 모닥불을 다시 피우며 그들은 무얼 했을까요.
벽에 낙서를 했겠죠.
당신이 원시인이라면 무얼 쓰고 그렸을까요?

"사냥한 거 그릴 거야."

"뭐라고, 사랑한 거 그릴 거라고?"

"사냥이라니까. 뭔 사랑?"

나는 잠시 음흉한 생각을 했습니다.
음흉한 곳에 있으니 음흉한 생각이 드는 건 뻔하고, 음흉한 생각이 들만치 적적했으니까요.
음흉한 생각을 그려 음흉함에서 벗어나 따스해질 수 있으니까요.
사냥이든 사랑이든 춥고 배고픈 곳에서 따스하고 배부른 곳으로 옮겨가는 것이죠.
그러고보니 사랑도 사냥과 닮았군요.
그때나 지금이나 먹고사는 고민은 같았겠죠.
사람은 대체로 일상생활에서 좋아하거나 중요한 대상을 그림으로도 보고 싶어 하죠.
불상이나 주님과 성모의 초상을 통해 우리가 위안과 힘을 얻듯이 원시인들은 들소에게서 에너지를 얻었겠죠.
그래서 동굴 벽에 들소나 사슴을 그렸을 거예요.
아득한 옛날, 미술가들의 모습을 상상하는 건 어렵지 않아요.
동굴 속 불은 꺼졌어도 내면의 불은 꺼지지 않았어요.

강렬히 원하면 내면의 불은 더 환해지고 오래갑니다.

불이 밖에서 안으로, 안에서 더 안으로 끊임없이 옮겨가는 것이 인생이니까요.

행복은 밖에 있지 않고 내 안에 있어요.

당신이 있어 더 행복합니다.

사람이 미치도록 그리운 날

당신은 메일함을 열어보는 일로 하루를 시작합니다.
하루도 빠짐없이 오는 메일들이 당신을 환영하는군요.
언제부턴가 읽지도 않고 버리는 메일이 많아졌어요.
그러다 왠지 미안한 마음에 열어본 글 하나가 가슴에 꽂혔어요.

「낭비된 인생이란 없어요. 낭비하는 시간이란 외롭다고 생각하며 보내는 시간뿐이죠.」

날카로운 펜촉이 가슴을 긋고 갔어요.
가슴을 긋는다는 건 감동이며 깨우침이죠.
외롭다 생각하며 우리가 허비하는 시간이 얼마나 많은가요.

이렇게 나약해서야.
쓸쓸함이 산더미처럼 당신을 짓누를 때면 나도 슬펐어요.
저도 당신과 닮았으니까요.
사람이 그리워 전화번호부를 뒤적이다가 먼지가 수북이 쌓인 오래 전 수첩까지 뒤져보는 노력이 성과가 있어야 할 텐데.
드디어 당신의 푸념과 투정을 들어줄 몇 명을 찾아냈어요.

'이 친구는 바쁘겠지. 얘는 귀찮아 할 거야. 얘는 나중에 다시 얘기하자며 전화를 끊을 테지. 걔는 아예 전화를 안 받을지도 몰라.'

그래도 욕은 하지 마셔요.
쓸쓸해도 고품격 당신이니까요.
전화 걸 만한 사람도 없다고 자책하지 마세요.
푸념을 들어줄 사람을 찾는다면 사실 누구라도 상관없죠.
그렇다고 경찰서나 소방서에 전화하지는 마세요.
사람이 그립다면 단골 마트에 생물 주문 전화를 해보는 것도 좋아요.
땅딸보 배달아저씨가 썩은 이를 드러내며 씨익 웃어주더라도 슬퍼하지 마세요.
당신은 누구에게 그런 미소라도 지어준 적이 있나요.

옛사랑의 흔적을 지우지 못하거나 싱글로 늙어가는 자신을 탓하지 마세요.

다만 반성은 해야 할지 몰라요.

그것도 어쩌면 이기적인 일이 되기 일쑤고, 성에 안 찰 수 있어요.

외로울 때의 전화질을 이기적으로 보지 않는 좋은 친구가 있다면 그날은 로또 당첨된 날이죠.

진짜 좋은 사람이고 사랑할 줄 아는 사람은 상대의 얘기에 진실로 귀 기울이지요.

그렇게 되려면 평소에 당신이 친구들 얘기를 많이 들어줘야 해요.

세상에는 공짜가 없으니까요.

내 인생이 멋진 건 당신 때문이야

아무것도 하기 싫어 마당에 누워 하늘과 구름과 별을 보면 생각나는 게 있습니다.

바로 당신입니다.

당신 생각을 하늘에서 구름으로, 구름에서 별로, 별에서 유리잔으로 옮겨갑니다.

그리고 유리잔 안에 담은 당신을 바라봅니다.

유리잔 안에서 당신이 웃고 있어요.

아주 로맨틱하게.

후후~

유리잔 밖 세상에서는 스페인 내전, 코소보 내전이 있었고 6 · 25 전쟁이 있었습니다.

전쟁은 끊임없이 일어났죠.

왜냐고요?

당신이 없기 때문이에요.

우리는 매순간 전쟁을 겪듯 맹렬히 살고 있어요.

유리잔 속 당신과 로맨스를 꿈꾸어요.

그렇게 따사로운 로맨스는 나 자신을 더욱 사랑하게 하니까요.

그 사랑의 에너지가 나를 더 행복하게 할 테죠.

당신이 내게 이렇게 말해줬음 좋겠어요.

"전쟁 같은 세상에서 내 인생이 멋진 건 당신 때문이야!"

두 배 커지는 초콜릿 사랑

함께하는 인생길에는 언제나 초콜릿처럼 달콤함이 있어요.
당신은 초콜릿 키스를 떠올리는군요.
두 사람이 초콜릿의 이쪽과 저쪽 끝을 물고 천천히 빨아먹다 하는 키스.
말만 들어도 달콤하군요.
"사랑해"라고 말하면 사랑이 두 배 커지는 건 아시죠?
계속 사랑을 말해야 해요.
어루만지는 스킨십도 잊지 마세요.
연애하듯 서로 배려하는 마음을 잃지 마세요.
각자의 공간과 시간도 꼭 필요해요.
함께 즐길 놀이와 취미도 하나쯤은 꼭 마련해요.

변화와 성장을 함께 해나가요.

다툴 때 아무리 화가 나더라도 절제와 예의는 잃지 말아요.

사과할 일은 반드시 "미안해"라고 말해요.

애프터 쉐이브 로션처럼 향기롭고 피부까지 부드럽게 만들죠.

상대가 사과하면 아낌없이 용서하세요.

어느 정도 함께 싸우고 아파봐야 사랑이 깊어지죠.

약한 모습을 감추지 말아요.

스스로 강해지고 때론 침묵하며 그 침묵도 즐겨봐요.

서로 의지하며 힘을 보태고 함께 나누는 정과 눈물로 사랑은 더 단단해질 거예요.

지루하지 않게 깜짝 이벤트를 열어도 봐요.

사랑을 수줍게 감추지만 말고 보여주세요.

귀찮아도 행복해지려면 실천해야 되겠죠.

이렇게 이론적으로 잘 알아도 실제론 서투를 수밖에 없어요.

사람이란, 그리고 나란 원래 실수투성이니까요.

당신 방은 스위트룸입니다

지금부터 오로지 당신 자신을 위한 시간이에요.
혼자 있어도 외롭지 않은 시간이지요.
숨 돌릴 틈도 없이 일에 치이다 모처럼 갖는 시간.
당신 방을 특급호텔 스위트룸이라 생각하세요.
침대 위에는 수건과 이불, 목도리 인형이 엉켜 뒹굴고 있어요.
방바닥에는 코 푼 휴지와 머리카락과 먼지가 햇빛과 뒤섞여 막 게임 끝난 축구장을 방불케 하는군요.

그렇게 방이 어질러져 있어도 치우지 마세요.
깨끗하다고 여기면 깨끗한 거니까요.
지저분하다고 여기면 마음의 룸메이드가 깨끗이 청소해줄 거예요.

마음이 가는 대로 그냥 가만히 계셔 보세요.

자신의 방을 호텔로 상상하세요.

우울을 재는 온도계

인생이 우울한 건 너무나 당연해요.

매일 작더라도 상처에 노출되어 있어요.

어느 때든 상처를 받지요.

우울해지면 얼굴에 주근깨도 진해집니다.

미간의 주름도 깊어지고, 잠도 오지 않아요.

뒤척이다 자줏빛 와인을 마시러 주방으로 갑니다.

물은 물컵에, 와인은 와인잔에 마셔야 기품이 있죠.

우울한 와중에도 기품을 따지지 않을 수 없어요.

인생은 한 번뿐이니까요.

지금 생은 일회용이란 사실이 더 잠 못 들게 하는 밤이에요.

우울한 이유가 뭔지 명확히 알아야 해요.

모든 병의 원인을 알면 답이 보이거든요.
우울증은 몸과 마음, 영혼이 다 아픈 거래요.
우울증은 세 가지 부정적인 감정에서 비롯된대요.

1. 아무도 나를 인정해주지 않는 듯한 고독감.

2. 아무것도 하기 싫고, 아무것도 할 수 없다는 패배감.

3. 희망이 없는 절망감.

원인과 동기는 다양하지만, 중요한 건 치료할 대상이 육체가 아닌 마음이라는 거예요.
자신에게 힘을 주는 메시지를 배워야 해요.
우울증하고 한판 붙어봅시다.
씩씩하게.
충분히 이길 수 있어요.

감정 테스트

처녀시절에 애를 낳고 싶다고 하면 아는 분이 이렇게 조롱하더군요.

"애한테 일 시켜먹으려고요?"

"시키는 게 아니라 부려먹어야죠."

맞대응도 바로 안 하면 집에 돌아와 두세 시간은 분했거든요.
딸아이를 부려먹거나 일 시켜먹으려 낳은 건 아닙니다.
일하는 법을 가르치긴 합니다.
엄마가 없을 때 혼자 있게 되면 뭐라도 해야 할 테니까요.
우선 설거지와 청소하는 법을 가르쳤어요.

현관문 잠그는 법이나 리모컨 조작법도 알려주었지요.

그런데 중요한 한 가지를 가르쳐주지 못했어요.

감정을 조절하는 법 말이에요.

어느 집이나 마찬가지일 거예요.

나도 어렸을 때 감정조절하는 법을 배우지 못했으니까요.

임신 테스트 용지처럼 감정 테스트 용지가 있으면 좋겠어요.

우리의 다양한 감정을 테스트하면서 위험수위인지 알 수 있고, 그 수위가 넘어가지 않게 마음의 평정을 찾는 거지요.

스크린을 꺼보세요

트위터, 페이스북을 열어보세요.
사람들이 한가득 모여 있어요.
스마트폰을 켤 때는 따사롭지만 끄고 나면 더 외롭고 허전해지지 않나요.
당신도 나도 매일 스크린에 뭔가 올리지 않으면 허전해하는 사람이 되어가고 있어요.
따먹기만 하는 석류는 입으로는 달콤하지만, 석류나무를 손으로 만졌을 때의 야릇한 마음은 알 수 없죠.
스크린에서는 그런 실재감이 없잖아요.
잠깐의 위로와 소통의 따스함이 있어도 매이지는 마세요.
텔레비전을 켜면 불쑥불쑥 나오는 광고가 디지털 기계만이 가장 가까운 친구이자, 사랑의 뮤즈, 모든 꿈을 이룰 티켓이라고 요란한 이미지를 쏘아대지요.
이제 모든 스크린을 꺼보세요.
수도원이라 여기며 잠잠히 있어 보는 것도 괜찮답니다.
20세기 위대한 시인 오든의 〈열두 가지 노래〉대로 핸드폰을 꺼보세요.

모든 시계를 다 멈추고, 전화선도 뽑으라
개에게 뼈다귀를 물려주어 짖지 않게 하라
피아노를 치지 말고, 북에는 천을 덮어 소리를 죽이고
관을 내오라, 애도하는 자들도 다 나오라

그래요.
조용한 장소가 필요해요.
마음의 고요함이 필요하지요.
인생을 유익하고 풍요롭고 지혜롭게 살며 단순해져야 마음이 잘 보여요.
내키지 않는 일은 하지 마세요.
어디 가는 것도 귀찮으면 가만히 있어요.

느릿느릿 스킨십

좋겠어요.

상상도 아니고 인형도 아니라서.

따스하게 살아 있는 사람과 스킨십을 할 수 있어서.

그렇게 사랑하는 님과 함께 있으면 땅바닥에 누워도 좋고, 풀밭 위도 좋겠죠.

감출 것도, 가릴 것도 없이 편안해서 더욱 좋지요.

함께 있으면 어떤 세찬 바람이 불어와도 좋아요.

그 무엇도 겁나지 않아요.

언제까지 같이 누워 있고 싶단 생각이 들 거예요.

걱정 없는 날이 없고 부족함을 안 느끼는 날이 없지요.

어느 것 하나 결정하거나 결심하는 것도 쉽지 않았는데.

사랑하는 이 곁에 누우면 싹악 잊혀지겠죠.

비와 구름이 얇은 커튼 사이로 한 줄기 붓 터치처럼 길게 흘러갈 거예요.

내일 당신은 다시 거뜬히 시작할 수 있어요.

몽상 드라이브

당신도 눈치 없이 혼자 들떠 있을 때가 있네요.

멋대로 상상하며 실없이 웃다가 허탈해져 눈물 찔끔 흘리죠.

괜찮아요.

나도 당신처럼 바보 같을 때가 있었어요.

좋아하는 사람을 상상만 해도 가슴이 떨리죠.

그대로 논스톱으로 꿈꿔보세요.

좋아하는 사람이 없으면 커다란 인형이라도 상상해보세요.

눈을 감고 천천히 넘어지는 척하면서 끌어안아도 보고, 슬며시 냄새도 맡아보세요.

무슨 냄새가 나는지.

남자들은 여자를 끌어안으면서 머리 향기를 맡는다더군요.

그렇다고 샴푸를 펑펑 쓰진 말구요.

환경에 해가 적은 제품을 사용했음 해요.

남자는 무공해 여인을 원하거든요.

그가 혹은 그녀가 사랑의 밀어를 속삭이며 당신의 귀와 복숭아빛 볼에 입김을 불어넣고 있어요.

천천히 당신 몸에 자기 몸을 기대오면서 입맞춤하려는군요.

키스를 하다 당신은 빨간 난로처럼 달아올랐어요.

구슬땀까지 흘리는군요.

어머, 어떡해요.

너무 야해서 나는 눈을 감아야겠어요.

아, 두 사람은 커튼 치는 것도 잊은 채 꼭 끌어안았죠.

빙수가 녹아내릴 때처럼 열렬하게.

더 이상 표현할 수 없어요.

기운 없다면서 웬 상상을 길게 하세요.

상황은 변한 게 없어도 살짝 좋은 방향으로 흘러갑니다.

상상만으로도 살짝 기분이 좋아질 걸요.

상상하는 동안 당신은 로맨틱한 사람이 되어 가죠.

여행 테라피

푸른 하늘과 이어진 지평선을 향해 끝없이 걸어보고 싶어요.

그곳이 해남 땅끝마을이어도 좋아요.

더 멀리 실크로드, 아프리카 초원이라도 좋구요.

현기증 나도록 사막을 걷고 싶어요.

초원의 사자와 얼룩말도 보고 싶고요.

수박과 포도, 바나나….

과일 테라피에 덤으로 일광욕 테라피까지.

드넓고 통풍이 잘되는 곳에 나를 빨래처럼 하얗게 말려두고 싶어요.

누군가 말했었죠.

"인류가 해야 할 가장 위대한 일은 자신의 마음이 흐트러지는 걸

막는 것이다."

흐트러진 마음이 하나로 모아질 때까지 마음만이 아니라 몸도 아프지 않게 잘 이끄는 것도 중요해요.

난 마음이 흐트러질 때마다 그것을 막기 위해 여행을 다녔던 것 같아요.

쓸쓸해지면 울 때가 많았는데 여행의 꿈으로 가슴이 따스해지곤 했어요.

꿈꾸는 것만으로도.

이제 더는 이루고 싶은 꿈을 미루거나 잊지 않아요.

히아신스 테라피

추운 봄날이었어요.
언덕으로 가는 길목에 꽃도 파는 구멍가게가 있었습니다.
꽃을 사러 들렀어요.
꽃샘추위를 잘 견디는 히아신스가 보이더군요.

"할머니, 향기가 진한데요."

"나도 좋아서 갖다 놨잖아."

주인할머니는 자신의 약한 턱으로 분홍 히아신스를 가리키셨어요.
두 개를 샀어요.

히아신스의 꽃말은 겸손한 사랑입니다.

고난을 이겨낸 뒤에는 자신을 더욱 명확히 알게 되듯이, 겨울을 이긴 히아신스가 더욱 투명하고 향기롭습니다.

고난마저 사랑하면 인생길이 더 잘 보이듯, 온전히 다 사랑하면 후회가 없습니다.

인생의 꽃샘추위에 떨지 마세요.

좌석버스 테라피

외출할 때 좌석버스를 타고 있는 시간이 참 좋습니다.

아무것도 하지 않은 채 그저 관람객이 되어 창밖을 보면 됩니다.

창밖으로 흘러가는 풍경.

시시각각 모습을 바꿔가는 흰 구름.

잠시 기분 좋은 단잠에 이끌리는 재미.

인생이 참 느리게 가는 기분이에요.

아마도 마음의 여유를 가질 수 있어서인가 봐요.

수첩에 할 일을 체크하고, 신문도 보고, 신세진 친구가 생각나면 감사전화도 하고.

그 짧은 30분 동안 참 많은 것을 합니다.

언젠가 버스 안에서 읽은 책에서 보니 중요한 건 메모를 해 집 안 잘 보이는 곳에 붙여두라는군요.
아니면 호주머니에 넣어두던지요.
나도 책에 줄 친 대목에 주문을 걸고 메모를 했습니다.

「매일 목표에 조금씩 다가가고 있다. 매일 더 강해지고 있다. 내가 믿기만 한다면, 나는 그것을 해낼 수 있다.」

주문을 걸면 신념이 생기지요.
집 앞 정류장에 도착했네요.
버스에서 적은 메모를 집 안 잘 보이는 곳에 붙여놨어요.
이젠 더위도 견딜 만해졌죠.
초가을엔 더 멋진 우리가 될 거라 기대합니다.

가면을 써보세요

당신 집에는 가면이 있나요?

없으면 같이 인사동으로 갈까요.

주욱 늘어선 상점 중에 전통가면을 파는 곳이 있어요.

그곳에 들어가 가면을 한번 써보세요.

매끄럽고 하얀 가면 얼굴.

뻥 뚫린 구멍 속에서 당신 눈이 빛나네요.

가면 쓴 당신은 거울을 보고 묻지요.

"나는 누구지?"

"누구긴 누구야. 사람이지."

거울 속 내가 하는 말에 피식 웃습니다.
'내가 누군가?'는 가끔 해볼 만한 질문이에요.
가면을 쓰면 자꾸 묻게 돼요.

'내가 왜 이러고 있지?'

'나 지금 뭐하고 있는 거지?'

'난 행복한가?'

벌써 노화를 걱정하다니요

살뜰한 서른 살 미미 씨는 살도 살뜰하게 쪘어요.

건강걱정까지 살뜰했지요.

눈은 뻑뻑한 돌이 구르는 것 같고 관절에서 우두둑 소리가 난다며 걱정이 태산이었죠.

나이를 먹는다는 걸 몸이 알려줬어요.

눈 밑에 주름이 살짝 생기더니 가느다란 선들이 그어지고 드디어 주름이 완성되었죠.

미미 씨는 늙어감을 두려워하고 걱정했답니다.

집에서는 가습기를 끼고 살고 외출할 땐 핸드크림을 꼭 챙겼어요.

손 저리고 팔도 저리는 게 혈액순환 장애까지 생겼나 싶었어요.

그러면서도 자신이 너무 예민해진 건 아닌지 생각하며 불면증에 시달렸죠.
미미 씨는 몸이 늙는 것보다 훨씬 빠른 속도로 마음이 늙어가고 있었지요.
미미 씨는 어릴 때 아버지가 개구리를 잡아먹으셨기에 자신도 개구리를 잡아먹어야 하나 고민했어요.
친구 하이 씨에게 물었더니 아주 친절하게 조언을 해주었어요.

"개구리가 밤마다 울잖아요. 태양을 밤에도 빨아들여 에너지가 아주 셀 것 같아요. 그래서 아버지도 개구리를 드신 거 아닐까요?"

"울 아버지는 밤에 잠자는 개구리를 드셨던 거 같은데…."

하이 씨가 말했어요.

"개구리만의 자존감이 있고, 야생의 번들거리는 눈빛이 있어요. 인간들이 개구리를 너무 얕봐서는 안 되죠. 나도 서른이 되니까 신체 기능이 떨어지는 거 같아요. 무진장 피곤하고 잠이 쏟아져요. 허벅지는 밀가루 반죽을 덕지덕지 붙이는 것처럼 두툼해지고 있어요."

둘의 대화를 듣고 있던 서른네 살 유부녀 온정 씨가 온정 넘치게 말했어요.

"애 낳고 석 달 동안 보약을 먹어 기력은 왕성해졌지만 몸은 급격하게 불어가고 있어요. 피부 탄력은 떨어지고 어느 하루 다이어트를 하려고 결식 어른이 되어 굶어도 몸이 줄지 않아요. 뒤틀린 것 같은 골반을 바로잡는다고 필라테스로 수선 중인 여자도 봤어요. 우리네 몸이 재건축 아파트처럼 새 건물이 지어질 때까지 죽치고 기다릴 수도 없고요. 기껏해야 오메가-3를 남대문시장에서 사다 먹는 거죠. 그것도 먹다 안 먹다 유효기간이 두 달이나 지나버렸어요. 의사들은 항상 가장 안 좋은 상태를 얘기해 겁주잖아요. 무릎과 턱관절이 안 좋다고 해서 무릎이 상할까 봐 걸음도 할머니들처럼 조심스러워요. 턱관절에 무리가 갈까 봐 웃는 둥 마는 둥 온통 신경이 가서 하품하기도 겁나요."

미미 씨는 앞으로 온정 씨처럼 될까 봐 두려워졌습니다.
그때 내가 말했어요.

"다들 현재의 젊음은 즐기지 못하고 노화만 생각하나요. 미모보다 마음과 정신이 알찬 여성이 되어야 해요. 남자들 예쁘면 사족을 못 쓰지만, 그게 다가 아니죠. 온정 씨도 왜 무릎관절을 벌써 걱정해요? 웃고 싶을 때 활짝 웃어요. 그런다고 턱관절이 덜덜거리지는 않을 테니."

그러자 하이 씨가 맞장구를 쳤어요.

"그래요. 나도 세월에 곱게 물들며 늙어가고 싶어요."

나는 하이 씨의 말에 빙그레 웃었어요.
저보다 까마득히 어린 친구들이 벌써 노화를 얘기하는 모습이 귀엽기만 했죠.
이들에게는 꾀병 같은 건강염려증이 더 문제죠.

하지만 가끔은 꾀병이 진짜 병이 되기도 하니 서둘지 마세요.
걱정도 말고요.
그저 젊음의 향기를 느끼고 기뻐하세요.
벌써 노화를 걱정할 나이는 아녜요.
지금 이 순간 젊음을 즐기세요.

지금 젊음과 건강을 즐기지 않으면 훗날 후회합니다.

이미 그때는 젊고 아름다운 몸은 아니니까요.

아름다운 침묵

자기 말만 하기에도 바쁜 세상이에요.

대부분 자기 생각에만 빠져 살기 일쑤죠.

귀 기울여 듣는다는 것은 상대방의 진짜 모습, 그만이 지닌 보물을 찾아내는 것이고, 그를 더 깊이 사랑하는 일이에요.

급한 현대인들은 귀 기울여 듣기가 참 힘들어졌어요.

때론 말하고 싶은 것을 꾹 눌러 참아보아요.

그리고 듣는 훈련을 해봐요.

이건 나에게 하는 말이기도 해요.

다른 사람의 이야기에 귀 기울이다 보면 몸과 마음도 편하다는 걸 새삼 느낄 거예요.

살아보니 말하기보다 듣는 게 편합니다.

지그시 듣거나 침묵하는 것은 건강에도 좋아요.
침묵을 지키는 방법을 알고 실천하는 사람이 되어보세요.
약보다 침묵이 병을 잘 다스리고 치유한대요.
폴 세잔은 자신의 아내를 모델로 44점의 유화와 수많은 데생과 수채화 작품을 남겼어요.
열한 살 연하인 아내 피케의 장점은 언제나 평상심을 유지하고 인내할 줄 알았던 거예요.
세잔이 피케를 그릴 때 백 번 이상 포즈를 바꾸라고 해도 불평 없이 따를 정도로 조용하고 온순한 성격이었죠.
그녀의 초상화는 참 아름다워요.
침묵은 사람을 아름답게 만들기도 하나 봐요.
그녀의 성격이 부럽다면 훈련해보세요.
자꾸 노력하고 훈련하면 돼요.
마음도 훈련이에요.

라푼젤의 감옥

자신의 모습을 어떻게 생각하나요?

누군가 당신에게 고집이 세다, 유별나다 단정적으로 말하지는 않았나요?

그 말에 갇혀 자학하지는 않았나요?

혹시 그로 인해 열등감이 생기진 않았나요?

동화 속 라푼젤도 그런 사람이었어요.

옛날에 라푼젤이란 소녀가 살았습니다.

라푼젤은 마녀에게 잡혀 높은 탑 꼭대기에 갇혀 살게 되었죠.

그녀는 아름다웠어요.

마녀는 아름다운 라푼젤을 질투해 붙잡아두려고 꾀를 부렸습니다.

"라푼젤, 너는 나만큼 추하고 못생겼어."

마녀는 라푼젤을 세뇌했어요.
그 탑에는 거울이 없었어요.
마녀의 계획대로 소녀는 자신이 못생겼다고 믿게 되었어요.
자신의 추한 모습을 보고 사람들이 달아날 것을 두려워한 라푼젤은 탑을 벗어나려는 생각조차 하지 않았답니다.
라푼젤은 스스로 그 믿음의 포로가 되어버리고 만 거예요.
어느 날, 라푼젤은 탑 아래 서 있는 매혹적인 왕자를 보게 되었어요.
두 사람은 첫눈에 반해버렸지요.
라푼젤은 자신의 길고 아름다운 머리카락을 잘라 던졌고, 왕자는 머리카락을 사다리 모양으로 엮어 창문까지 타고 올라갔어요.
그들은 코가 맞닿을 만큼 서로의 얼굴을 가까이 마주보게 되었어요.
라푼젤은 처음으로 왕자의 눈에 비친 자신의 아름다움을 보았어요.
비로소 라푼젤은 마녀의 말에서 벗어나게 되었죠.
그 후 두 사람은 탑을 빠져나와 행복하게 살았답니다.
늙고 추한 마녀의 훼방과 간섭이 있었지만 말이에요.

우리는 자신의 아름다움이나 개성을 자꾸 다른 사람의 말에 기대려 해요.

다른 사람의 말로 상처받기도 하고 자랑스러워하기도 하죠.

하지만 자신의 가치가 다른 사람들의 험담으로 낮아져서는 안 돼요.

자신을 어여삐 보는 사람의 눈에 비친 자신의 어여쁨을 보세요.

탐닉

사랑하는 이를 잃어 아무것도 하고 싶지 않을 때, 이별 후의 우울하고 슬픈 나날이 지나면 음식의 탐닉과 섹스의 탐닉은 일반적입니다.
하지만 그것을 누리는 사람보다 못 누리며 사는 이들이 참 많다고 해요.
영국의 계관시인 도널드 홀은 23년간 부부로 금실 좋게 살다 아내가 먼저 세상을 떠났어요.
깊은 슬픔에 빠지고 난 2주 후에 홀은 욕망을 해결하기 위해 헤매고 다녔지요.

「당면한 슬픔으로 혼란스러운 그는 살아 있음을 느끼고 싶었다.」

그의 시구는 애처롭기까지 합니다.

그의 충동은 지극히 정상이며 인생의 본질이라 숙연해져요.

먹고 키스하고 사랑하고 탐닉하는 것.

이것은 우리 몸과 영혼의 본능입니다.

나를 잡아, 나를 놔

그가 연주하는 모습을 유투브에서 봤어요.
너무나 놀랐어요.
그런 자세로 피아노 치는 연주자는 처음 보았거든요.
그러나 찬찬히 들여다보면 그가 연주에 홀릭이 된 것을 알게 될 겁니다.
거기에 흥얼거리는 소리까지 얇게 흘러나오는데, 심취된 그의 자세와 잘 어울렸어요.
떠듬떠듬 어눌한 사람이 말을 하는데 다 듣고 나면 참으로 진실된 말인 경우랄까.
아주 인상깊었어요.
그래서 그는 무대와 청중이 싫어 실황연주가 스튜디오 녹음보다 훨씬 아름답다고 하는가봐요.

그는 바로 바흐의 〈골드베르크 변주곡〉을 연주해 세계적 명성을 얻은 글렌 굴드랍니다.

그는 평생 우울증에 시달렸고, 급작스런 뇌졸중으로 50세에 세상을 떠났어요.

글렌 굴드는 항상 건강을 염려했지만, 오히려 건강하게 살지 못했어요.

그는 약에 찌들어 병색이 만연한 말년을 보냈어요.

그런데 그의 젊은 모습을 보고 깜짝 놀랐어요.

그의 젊은 날의 모습은 어딘가 영화배우 에단 호크를 닮았더군요.

꽤 괜찮은 소설을 썼던 에단 호크처럼 명민하고 감성적이었어요.

에단 호크보다는 조금 더 영혼이 무겁고 외로워보이기도 하고요.

시작과 끝도 없는 음악.

클라이맥스도 종결부도 없는 음악.

어떻게 연주하느냐에 따라 느낌이 달라지는 악보.

우리가 연주하기 전의 생의 악보도 이렇지 않을까요.

그의 사진 중에서 〈골드베르크 변주곡〉에 맞춰 지휘하듯 손을 내저으며 춤추는 모습이 참 좋았어요.

저리도 바흐의 곡에 몰입해 춤까지 추다니.

아름다워서 안개꽃처럼 포옥 내 가슴에 담겨오는 모습이었죠.
그는 사람들에게서 멀어지고 싶으면서 사람의 관심을 갈구했고, 추위를 싫어하면서 얼어붙은 북쪽지방을 동경했으며, 비행기 사고를 두려워하면서도 자동차를 미치도록 운전했대요.
그의 이런 마음 상태는 누구에게나 있어요.
저도 시집《침대를 타고 달렸어》에서 이런 마음 상태를 그려봤어요.

사는 게 별거겠니
추억하며 잊어가는 일
죽고 싶다가 살고 싶은 일
감정의 시소 타며 하늘 보는 일
사는 데 가장 큰 고통은 욕망이야

나를 안아줘
안전벨트처럼 안아줘
불안한 술잔처럼 기울지 않게
돈 걱정과 죽음에 짓눌리지 않게
나를 잡아, 나를 놔
자, 우린 일하고 깨치며 가야지

내 입과 내 입에 사랑의 떡을 처넣고
입 깊숙이 슬픔 들끓게 내버려두고
쌀과 물을 사람들과 나누고
오늘은 다르게 살기 위한 시도잖니

이 도시만큼 괜찮은 무덤도 없을 거야
너만큼 편안한 수갑도 없을 거야
네 안에 있으니 따뜻해졌어
날 조이지마, 나한테 매달리지 마
그렇다고 날 떠나면 되겠니
나를 잡아, 나를 놔
나를 잡아

이런 마음 상태가 곧 우리의 인생과 사랑과 죽음이 아닐까요. 사랑에 매달리고 싶다가도, 도망치고 싶은 인간 심리의 이중주. 아무리 이성적인 사람이라도 오르락내리락 시소 타는 마음 상태에서 자유로울 수 없지요.

비교 습관

내 전시 〈사과밭 사진관〉을 마친 후, 할 일이 그렇게 많을 줄 몰랐어요.

책 내는 일보다 사진전이 더 고독하고 고단하더군요.

작업하는 희열감은 빼놓고 말이죠.

팔린 작품 보증서 만들어 코팅 포장하는 것은 즐겁죠.

나이가 들면 조수를 부리며 일할 줄 알았어요.

지금은 그것이 꿈이었구나 깨닫죠.

전시 전후에 쉴 틈이 없더니만 전시를 마칠 때마다 수면부족에 인후염, 몸살로 한 달을 앓곤 했어요.

날마다 청소하고 분리수거까지 하는 데 시간이 참 많이 걸려요.

환경주의자인 나는 분리수거를 철저히 해요.

행복이 나를 자꾸 긍정적으로 만드는지 알면서도 우울해했어요.

가사도우미를 불러 사는 부유층 여인네들이 부러웠나 봐요.

비교해서 우울했던 거죠.

비교습관.

그것이 병처럼 사람들에게 널리 퍼져 있음에 깊이 공감해요.

외부 상황에 내맡겨 불안정해지고 자신이 고립되었다는 느낌에 휘둘려 무력한 희생자가 되어버리죠.

그런데 나도 비교하며 자극받고 인생의 성장을 일구긴 했어요.

그 비교로 나는 왜 이런가 자학하며, 시간을 낭비하고, 상처받고 갈등하고 슬퍼하는 경험을 숱하게 했죠.

비교감이 지나치면 얼마나 치명적인지 알면서도 그랬어요.

비교습관은 누구라도 죽을 때까지 계속될 거예요.

연륜과 신앙으로 비교습관을 컨트롤하는 지혜가 생깁니다.

그냥 음미해보죠.

한 발자국 떨어져서요.

길을 가면 해질녘 붉은 들판이 출렁이고 바다가 보여요.

그것을 느끼고 숨을 크게 들이마시듯 끌어안다 보면 비교감도 덜하고 건강해져요.

아무거라도 하고 싶은 마음으로 바꾸기

아무것도 하기 싫은 마음을 무어라도 하고 싶은 마음으로 바꾸기 위해 릴리안 로스라는 여인을 떠올렸어요.

그녀는 댄서요, 연극배우이자 영화배우였어요.

그녀는 약물중독과 몇 번의 결혼 실패로 상실감에 시달리며 절망에서 헤어나지 못했대요.

가수 에이미 와인하우스와 휘트니 휴스턴처럼 약물중독으로 죽을 수도 있었겠죠.

하지만 그녀는 다시 일어섰어요.

망가진 자신을 건져올린 건 바로 사랑의 힘이었어요.

릴리안의 말을 들어보죠.

"나를 사랑해주는 사람을 찾았기 때문이에요."

자신에게 조금이라도 관심을 갖고 애정을 기울여준 사람들이 있을 거예요.
없다면 지금부터라도 자신과 잘 맞는 지인들에게 먼저 관심을 기울이고 애정을 쏟아야 합니다.
우리는 누구도 혼자 살 수 없으니까요.
한 사람에게라도 사랑받는 사람은 현실적응력이 있습니다.
한 명, 두 명, 세 명….
친한 사람이 늘어날수록 현실적응력은 더 커집니다.
사랑을 주는 사람은 부모, 할머니, 할아버지, 이모, 삼촌 누구라도 좋습니다.
꼭 피가 섞이지 않더라도 자신의 속내를 털어놓고 위로와 격려를 해줄 사람이 있다면 아무리 좌절해도 일어섭니다.
당신도 당신을 사랑하는 이들이 곁에 있음을 잊지 마세요.

끝없는 고민들의 바통터치

「행복한 가정들은 모두 비슷한 행복을 누리고 있지만, 불행한 가정들은 저마다 다른 불행을 겪고 있다.」

톨스토이의《안나 카레니나》의 첫 문장을 보고 생각이 많아졌어요.
저마다 문제가 하나쯤은 있게 마련이지요.
누군가의 절박한 문제가 또 다른 누군가에게는 배부른 소리가 되죠.
계절이 바뀌듯 고민도 바뀌고 해가 바뀌면 또 다른 고민이 생기게 되죠.
아아, 이 끝없는 고민의 바통터치.
어쩌면 완전한 만족이란 없어서 새로운 고민의 바통이 손안에 들어오기 전까지는 권태 속에서 허우적댑니다.

그렇게 또다시 고민의 염주 알을 굴리려는 것은 아닐까요.

염주 알이 ●●•· 아득히 꺼져갈 때까지.

그렇게 꺼져 갈 때까지 내 시라도 읽어야겠어요.

너도 환장하겠지

나도 환장하겠다

뭔가 사무치는 게 있어야겠어

해방감을 주는 거, 징 하게 눈물 나는 거

결국은 사랑받기 위해서라

돈, 지위, 명예를 쫓는 건 모두 사랑받기 위해서인 듯해요.
연예인이나 명품귀족이 되고픈 꿈도 모두 사랑받고 싶어서죠.
사랑은 우아하고 달콤해서 끌려요.
평생 받고 싶은 향기로운 꽃다발이죠.
그걸 쉽게 얻지 못해 불안하고 불행하다 여겨요.
사랑으로 힘껏 빛나고 싶어서, 따스하고만 싶어서 우리는 언제 어디서나 사랑받으려 안간힘을 써요.
늘 인정과 칭찬의 꽃다발을 안고 싶죠.
인간의 모든 행동은 사랑의 고백이거나 사랑의 요청이에요.
사랑 고백이나 요청이 안 들린다고요?
내가 먼저 남을 사랑하면 되지요.

그럼에도 아무도 나를 사랑해주지 않으면

내가 나를 사랑하면 됩니다.

당신의 문제를 솔직하고 투명하게

솔직하고 투명하지 않으면 우리는 매번 방어적으로 살게 됩니다.

방어적으로 살면 외로워져요.

외로워지면 열등감에 빠지기 쉽죠.

당신의 고민은 무엇인가요?

할 일이 너무 많은데 무엇부터 해야 할지 모를 때가 얼마나 많나요?

가슴을 답답하게 몰아가는 자신의 고민을 정확히 알아야 해요.

고민하면 잔뜩 긴장하고 흥분하게 됩니다.

어른 아이 할 것 없이 감정의 온도가 극심하게 올라가지요.

고민은 어린아이가 처음 미끄럼틀을 탈 때 난간을 붙잡고 못 내려가는 답답하고 두려운 심정 같다고나 할까요.

어떻게 해야 할지 모르는 거죠.

윈스턴 처칠은 "고민할 틈이 어딨냐"고 했어요.
전쟁 때니 그렇게 말하는 게 당연했겠죠.
하지만 우리는 처칠이 아니잖아요.
저는 인정해요.
내가 모자라다는 걸요.
진짜 고민거리가 무언가요?
최대한 마음을 가라앉혀보세요.
침착함이 몸에 배게 연습해보세요.
문득 서른 살 때가 기억나요.
그 시절 최대 고민은 경제적인 기반의 마련이었어요.
할 줄 아는 것은 시 쓰는 것뿐이니 전력투구할 수밖에 없었지요.
전력투구하는 자들에게는 언젠가 꼭 신의 응답이 있어요.
지나고 나니 확실히 깨달아요.
하늘은 스스로 돕는 자를 돕는다는 걸.
나처럼 솔로이며 곧 마흔인 여자 후배 무령 씨에게 물어봤어요.

"자기의 최고 고민은 뭐야?"

"언제까지 혼자여야 하는지가 고민이에요."

모든 솔로의 최대 고민이겠죠.
나도 어느 순간 두려움이 가슴속에서 안개처럼 감겨 와요.
언제까지 혼자 살 거냐고 묻곤 했어요.
안개가 무겁게 가라앉을 때 자문했어요.

'내가 하는 최악의 고민은 무엇일까?'

최악의 고민은 평생 혼자 살다 죽는 거였어요.
아, 최악의 상황은 죽음일 테고, 평생 혼자 살다 죽는 거였구나.
깨달으니 두려움이 조금씩 손안에 잡혔어요.
손에 잡히니 다음 단계로 생각이 옮겨갔어요.

'고민을 어떻게 하지?'

그다음은 냉정하게 현실을 파악하고 어떤 결단과 각오를 하고 그에 맞는 액션을 취해야만 한다고 생각했어요.
뭐든 시작해야죠, 액션!

헛헛하면 헛헛하다 말해보세요

하늘은 잔뜩 흐려 비가 쏟아질 듯했어요.

한동안 맑은 날만 이어져선지 이 흐린 날이 불안했어요.

시간이 갈수록 회색 구름만 가득해 다른 세상에 와 있는 듯했어요.

소희 씨는 몸이 북소리처럼 무거운 듯 창밖만 바라보고 있었어요.

이게 웬일이에요.

4월에 하얀 눈이 흩날렸어요.

포슬포슬 하얀 눈발이 날리자마자 녹아버렸어요.

부는 바람에 깃발만 홀로 펄럭였어요.

소희 씨는 깃발을 마치 자기 마음이라 생각하고 눈물까지 흘리지 뭡니까.

소희 씨는 바보 같았어요.

이제 그만 바보여야 하는데.
저까지 걱정이 되었어요.
그때 카카오톡으로 문자 하나가 도착했어요.
누군가 봤더니 그냥 우연히 알게 돼 통화만 하던 연하남 정주 씨였어요.
문득 피터 한트게의 소설《낯선자》의 한 구절이 생각났어요.

「다른 사람과 교류가 없으면 내게 세상은 잠겨 있는 것이다.」

이 구절을 절절하게 되씹으며 외로워했는데 그 답답함을 벗겨주는 이 남자가 몹시 반가웠어요.
하지만 그 마음을 애써 감추었죠.

십 년 싱글인 소희 씨는 카카오톡 프로필에 선글라스 끼고 여행가방 들고 폼 잡은 사진을 올렸어요.
그러자 정주 씨가 톡을 했어요.

「여행을 즐기는 당신. 열정적으로 사는 모습 너무 좋던데?」

「눈부신 해가 뜨면 슬퍼. 어영부영 보내다가 밤이 되면 오늘 막장이 얼마 안 남았구나 하고 정신 차리고 열심히 사는 척하지.」

남들에게는 열정적이고 멋지게 사는 모습으로 보였구나 생각하니 씁쓸했어요.
십 년 싱글 생활에 지쳐 가슴이 새까만데, 행복하게만 보이는 자신의 상태가 싫었어요.
이내 조금 멜랑콜리한 모습으로 바꾼 후 스마트폰을 바라봤어요.
잠시 동안의 침묵이 어색하고 무겁게 느껴졌어요.
침묵을 지우기 위해 소희 씨에게 얼른 말했어요.

「사는 거 다 똑같지. 결혼은 안 해?」

그래도 답이 없었어요. 다시 톡을 넣었어요.

「내가 실없이 물었나봐. 헛헛해서 헛소리가 나네.」

「결혼은 혼자 하나? 나도 파트너가 없어. 너도 외롭구나.」

답이 오니 편안해졌어요.

소희 씨는 정주 씨가 늘 여자가 있는 것 같다고, 늘 나만 외로운 거 같다고 말했어요. 남들은 파트너랑 깨와 흑설탕이 쏟아지게 잘 사는 것만 같다고.

참으로 외로울 때는 아무도 없는 자신이 싫다고 했어요.

바보들처럼 자신만 홀로 버려진 듯 한 건 왜일까요.

우리는 왜 스스로 들볶고 괴롭힐까요?

평생 그림자처럼 따라다닐 거예요.

짝님이 없어서 외롭고, 있어도 어느 순간 외롭고, 비가 내려 외롭고, 황혼녘이나 늦가을 나뭇잎이 우수수 떨어질 때 외롭고….

그나마 다행인 건 누구나 외롭다는 거죠.

걱정하는 것을 걱정하지마

이 세상 고민의 절반 이상은 자존심이 상했거나 멸시를 받아서 오는 소소한 일들이 이유래요.
그 소소한 이유에 상처받고 상실과 이별이 오다니 좀 우습죠.
그때는 참 심각해도 지나보면 별 거 아닌 것이 돼버려요.
인생은 거창한 게 아니에요.
아주 소소한 일들로 이루어졌죠.
지나보니 나도 별거 아닌 걸로 다투고, 쓸데없이 매일 고민했어요.

오늘따라 주름살도 많고 늙어 보여.
자꾸 살이 쪄서 어떡하지.
내가 과연 좋은 사람과 잘살 수 있을까.

계속 밥벌이에 쫓겨 그냥저냥 살다 결혼할 기회를 영영 놓치면 어떡하나.
그 친구가 나를 싫어하면 어쩌나.
꿈꾸던 일을 실패하면 어쩌지.
사랑하는 사람과 이별하면….

한숨을 짓고 새까매진 유리창을 바라보며 오늘도 한 것 없이 하루가 가는구나.
가슴이 먹먹해져 힘들어진 순간을 맞기도 합니다.
왠지 버림받은 심정이랄까.
문자 하나 없는 하루가 슬퍼지기도 합니다.
감정조절이 힘들고 답답해지면 누가 나를 죽여줬으면 하는 생각까지 하지요.
'누가 나를 죽여줬으면'의 심리를 파헤치면 '누가 나를 살려줬으면'이거든요.
셰익스피어는 "결점이 없으면 오만해지기 쉽다"고 말했어요.
진정한 고민은 자신의 결점을 돌아볼 기회가 됩니다.

인간은 아무것도 아니야

여섯 살 때 기억이 얼핏 스쳐 지나가요.
여섯 살의 몸과 지금 몸의 차이는 무엇일까요.
어느 철학자는 육체의 가치를 이렇게 말했어요.

"인간은 아무것도 아니다. 비누 일곱 장을 만들 수 있는 정도의 지방, 중간 크기 못 하나를 만들 수 있는 철, 찻잔 일곱 잔을 채울 만한 당분, 닭장 하나를 칠할 수 있는 석회, 성냥 2,200개를 만들 만한 인, 약간의 소금을 만들 수 있는 마그네슘, 장난감 크레인 하나를 폭파할 수 있는 칼륨, 그리고 개 한 마리에 숨어 있는 벼룩을 몽땅 잡을 수 있는 유황이 전부다."

그러니 몸의 가치라는 것이 얼마나 허망한가요.
얼짱, 몸짱이란 것도 참 덧없는 것이죠.
세월은 너무나 빨리 흘러 얼짱, 몸짱이 나이 들면 더 흉하게 보일 수 있지요.
사람은 육체만으로 존재하지 않기에 정신의 가치는 더욱 소중하죠.
나이가 들수록 외모보다 센스 있고 지혜로운 여성, 남성이 훨씬 매력 있지요.
거기에 민첩하고 민감하며, 섬세한 감성을 키워가면 우정과 사랑도 풍요로워질 수 있어요.
내 마음을 갈고 닦는 것만큼 사람의 가치를 키우는 일도 없을 거예요.
육체의 나를 넘어 복잡한 생각과 감정을 넘어 끝없이 탐구할 수 있는 곳.
그곳이 바로 인간의 내면임을 알아요.
정신이고 영혼이라고 느껴지는 영역.
진정으로 시간을 투자할 부동산이죠.

인간의 사랑은 늘 어딘가 부족하다

인간은 사랑 없이 살 수 없어요.
하지만 인간의 사랑은 늘 어딘가 허술해요.
컵처럼 깨지기 쉽고, 맥주 캔처럼 뒤틀어지기 십상이죠.
그 사랑이 우리에게 가장 큰 희망이 되는 만큼 절망에도 쉽게 빠져요.
수분 70퍼센트로 된 인간이 물이든 맥주든 마시지 않으면 안 되듯이요.
나도 당신도 실수쟁이라도 괜찮아.
치사량에 가깝게 술 퍼마시고 배 아파도 괜찮아.
동네에 대학병원 응급실이 있으니까.
스마트하지 않아도 돼.

우리에겐 어디에서나 검색할 수 있는 스마트폰이 있으니까.
사랑은 친밀함이자 불편함이고 강인함이자 연약함이에요.
안전함이자 불안함이고, 이타적이면서도 이기적이죠.
인간의 부족한 사랑을 채워주는 신이 있기에 사랑은 완벽해질 수 있어요.
그렇다고 나는 믿어요.
마더 데레사도 이렇게 말했어요.

"사랑은 계절을 타지 않는 과일이며 누구나 먹을 수 있는 과일이다. 이 사랑의 과일은 명상과 기도와 희생을 통해 모든 사람의 손안에 들어갈 수 있다."

사랑은 결심이다

사랑은 결심이죠.

내가 사랑하려고 한 사람이니 뭐든 감싸안고 가는 것.

나 혼자서 숨 쉬기 힘들 때가 많았는데 곁에 있어줘서 고맙죠.

비로소 안심이 돼요.

비 오거나 눈 오는 날엔 카페라테가 감미롭잖아요.

같이 마셔보세요.

아, 푸르고 촉촉한 바다냄새.

바다 같은 그가 있어 참 좋을 거예요.

눈 내리고 꽃이 피면 그 풍경을 함께 구경하세요.

체온이 느껴지면 내가 살아 있구나 하고 깨달을 거예요.

살며시 손을 잡아보세요.

손잡고 있을 때 천천히 말하고, 마주볼 때는 지그시 바라보고, 말없이 있어 보세요.
서로가 좀 더 가깝게 느껴질 거예요.

길 잃은 이십대

사람은 누구나 목숨 걸듯 치열하게 일하는 것만으로 삶의 보람을 느끼는 시기가 있어요.
나도 그만큼 격렬한 삶을 산 시기가 20대였어요.
시집 《세기말 블루스》에 시 〈오백원 대학생〉에 그 흔적을 남겼어요.

왕복 전철비 이백원
점심 라면값 이백원
커피값 백원
대학 때 하루 생활비는 오백원이었다

오백원만 더 달라고 어머니께 애원한 오백원 인생

정신의 빈곤은 죽음이라 여긴 오백원 인생
도시락 싸들고 아낀 점심값으로 복사 떠서 공부한 오백원 인생
신경정신과 의사한테 비싸다고 울어서 약값 깎던 오백원 인생
「500마일즈」를 부르며 회한에 젖어 나는 눈보라처럼 흩날렸네
비틀즈보다 조용필을 좋아했고
투쟁이란 말 끝에 꽹과리처럼 울리는 ㅇ음을 사랑했네
희망의 돌덩이 같은 「아침이슬」을 부르며 함께 돌을 던지고
절망의 구역질을 하며 이렇게 살다 죽진 않으리라 다짐했네

오른 물가만 빼면 그때나 지금이나 다를 바 없네
가난의 역사를 바꾸고 싶은 서러운 오백원 인생
까짓것 허기진 채 일렁이며 흘러가죠
그러나 못살겠다 갈아보자 오백원 인생

제기랄, 바뀌져라, 바뀌져라,
부익부 빈익빈의 세상이여

가난하고 고통스러워 생각하기도 싫던 20대를 돌아보면 그 괴로움을 넘어서려는 노력이 지금의 나를 만들었음을 이제는 알죠.

나름 전투적으로 살았고, 지금은 성취감도 느껴요.
이젠 그 시절이 그립고 고맙지요.
위대한 소설가 마르케스도 이렇게 말했죠.

"초라하고 가난할 때 더 많은 것을 할 수 있다."

20대든 30대든 40대든 가난하다면 그만큼 더 많은 소망을 이룰 기회예요.
나이를 떠나 젊다고 느끼는 자는 그 자체가 무한한 가능성을 지녔으므로.
가난의 상처는 자신을 키워주는 어머니와 같음을 세월이 갈수록 더 느끼게 되죠.
젊을 때 실력을 탄탄하게 쌓아두면 미래가 두렵지 않아요.
불빛이 있어도 길을 잃기가 쉬우니 기도하며 희망의 플래시를 켜세요.
혹시 길을 잃어도 슬퍼 말고요.
때론 길을 잃는 게 자기발견의 모험이 된답니다.

서른 살 때 마음이 인생을 이끈다

서른 살에 어머니가 주신 천만 원으로 집을 탈출했어요.
그때부터 돈벌이의 고달픔에 뼈가 저렸지요.
굶어 죽을지도 모른다는 공포와 불안감에 몸부림치던 잔상이 지금도 생생해요.

서른 살, 그때의 마음이 지금의 삶을 이끌어갑니다.
서른 살 전후에는 잠을 잘 잘 수가 없었어요.
몸치장도 대강대강.
거울 들여다보는 일도 줄이고
화장하는 시간도 아껴야 했죠.
경박한 독서는 끊고 무의미한 수다와 오락은 모른 채 서른 살을 보냈죠.

내가 할 수 있는 일은 최소한의 생계비만 벌고 고시공부하듯 탐구하고 창작열을 불태우는 것뿐이었어요.

그만큼 고독한 시간이었어요.

어느 때보다도 열렬한 독서광이었죠.

내가 궁금해하고 보고 싶어 하는 모든 것을 책 속에서 발견했어요.

식당에서, 전철에서, 버스에서, 길거리 어느 곳에서나 시를 읽고 책을 독파해 나갔어요.

서른 살은 치열한 열정으로 넘쳐나고 죽음에 대한 성찰이 시작된 나이였죠.

하루도 쉬지 않고 사진을 찍거나 시를 썼어요.

그렇게 온전히 나 자신에게 바쳤던 시절은 이제 다시 오지 않네요.

언제나 또 다른 상황이 펼쳐지니까요.

근심은 상실의 두려움에서 비롯된다

삶이 참 무겁고 슬프게 느껴지는 지금, 파울로 코엘료의 말을 떠올리며 기운을 차리네요.

"우리는 모든 것을 도둑맞은 가난뱅이의 눈으로 세상을 바라볼 수도 있고, 보물을 찾아나서는 모험의 길로 생각할 수도 있다."

상실은 일어설 기회예요.
가난은 부자를 꿈꾸며 나가는 모험이고요.
슬픈 눈으로 보면 세상이 잘 안 보여요.
이 생에서 내가 찾을 보물은 뭘까요?
갈 길이 멀고 험난하죠.

장마철이지만 오늘도 사과나무 한 그루를 심고 싶어요.

이리도 가볍고 기쁜 바람이 부니 몸은 가뿐하고 평화롭습니다.

관능적인 라면 먹기

하루 종일 비가 오는 날이었어요.
비 오는 날엔 뜨겁고 관능적인 라면을 빼놓을 수 없어요.
친구에게 편지 쓸 때 펜을 꾹꾹 눌러 베끼던 이 시를 다시 보며 아련한 추억에 젖어요.
누런 막걸리 냄새 푹푹 풍기면서 추운 몸과 마음을 녹여줄 것 같은 시.
내 스무 살의 절망도 위로해주었어요.

왜 맨 정신으로 말을 못하오
무엇이 두려운지 무엇이 사람의 마음에
화살로 박히는지,

형들은 똑똑히 알고 있지 않았소
셋방으로 돌아가 쓰러지면
손에 쥐어진 라면 한 봉지가
형들에게 새벽을 알려주오

얼마 전 소천하신 이성부 시인의《백제행》에 실려 있는 〈라면가〉에요. 한입 가득 빨려 들어오는 라면과 김치로 굶주린 배가 은행처럼 든든해질 때 삶의 의욕은 타올랐고 사람과 사람 간의 정은 두터워졌죠.

초라한 술집에서, 흥분과 열정이 흐르는 대화 속에서 거나하게 취한 이들의 가슴속을 덥혀주던 라면은 비단실보다 부드럽고 기분 좋은 그 무엇이에요.

맨 정신으로 말할 수 없어 마시던 술 곁에 늘 라면이 있었죠.

라면에 곁들일 술이라면 당연히 소주겠지만, 나는 소주보다 맥주가 좋아요.

시원한 맥주를 마실 때면 바다를 마시는 기분이 들어요.

언젠가 친구와 라면을 끓여놓고 맥주를 마셨어요.

"맥주 한 컵이 바다 같아."

그러자 친구가 변죽을 울렸어요.

"황혼이 지는 바다겠지."

맥주 한 컵이 황혼이 지는 바다라.
꽤 근사했어요.
눈물이 약간 글썽일 정도의 맥주가 몸 안으로 파고드는 기분.
내 존재감이 물을 엎지른 것처럼 흥건해져요. 대지의 뜨거운 기운과 슬픔이 밀려들어 내 몸 세포 하나하나가 깨어 우는 걸 느꼈죠.
사람들이 모두 잠든 밤.
조용히 부엌으로 가 라면을 끓여먹던 그 옛날 밤의 불빛 한 줄기가 가슴속에 흘러들어요.
기분 좋은 하루가 끝나는 걸 알려주던 라면.
그리고 내 몸을 덥혀주는 술 한 잔은 인생의 남다른 묘미를 전해주죠.

그냥 잘하고 있다고 해주면 안 돼?

매주 교인들이 두고 간 회보가 문밖 우유주머니에 담겨 있어요.
복음을 전하러 아파트 현관문을 두드리는 교인들.
바쁠 때 부르면 솔직히 성가시지만 가만히 생각하면 복음을 전하는 그들의 마음은 사랑이에요.
사랑은 귀찮은 게 아니죠.
어느 날, 그 회보를 읽다가 가슴에 싸하게 스며드는 글을 보았어요.
'격려의 위대함'이란 제목의 글이었어요.

「이탈리아 나폴리의 한 공장에 성악가를 꿈꾸는 소년이 있었습니다. 어려운 형편에 겨우 레슨을 받게 된 소년에게 선생님은 단호하게 말했습니다.

"넌 성악가로서 자질이 없어. 네 목소리는 덧문에서 나는 바람소리 같아."

그러자 소년의 어머니가 실망하는 아들을 꼭 껴안으며 말했답니다.

"넌 할 수 있어. 절대 실망해선 안 돼. 네가 성악공부를 포기하지 않는다면 엄마는 어떤 희생도 감수할 거야."

소년은 어머니의 격려를 받으면서 열심히 노래했습니다.
이 소년이 바로 위대한 성악가 앙리코 카루소입니다.」

따듯한 사랑의 말 한마디가 한낱 덧문의 바람 소리도 세상을 울리는 노랫소리로 바꿀 수 있어요.
칭찬보다 험담을 많이 하는 세상이에요.
잘못되면 내 탓은 없고 남 탓만 있죠.
축축하게 슬픔에 젖어 마를 줄 모르는 이가 있다면 푸근한 말 한마디를 건네봐야겠어요.
말하는 내 가슴도 푸근해질 거예요.

지상을 천국처럼 살아

나보다 잘 사는 이의 삶은 눈에 더 잘 띄죠.

그래서 상대적인 슬픔은 커지구요.

행복은 갈망할수록 봄 아지랑이처럼 아련하게 더 멀어지죠.

먹이 버느라 일만 하다 정작 하고 싶은 일은 안내표지판만 보고 지나치는 건 아닐까 불안해요.

크게 욕심부리지 않고 사소한 행복을 만끽하면 그것도 잘사는 거죠.

그냥 넉넉하게 편안한 마음상태를 꿈꾼다면 행복은 얼마든지 가능해요.

눈을 감고 사랑의 감촉을 느끼듯 섬세한 마음이 되어 봐요.

몸을 천천히 움직여요.

음악에 맞춰 춤을 춰 봐요.

노래도 따라 부르면 상처도 잊히고 해가 뜨는 자리가 지상천국이 될 거예요.

아직 바람은 차가우나 파란 하늘, 따사로운 햇살.

바람이 지날 때마다 찰랑거리는 여자들의 머리칼.

살랑거리는 치맛자락.

아, 사랑스런 바람으로 넘쳐나는 날.

상상력을 고무줄처럼 늘여보세요

《나니아 연대기》를 쓴 루이스와《반지의 제왕》을 쓴 톨킨은 친구랍니다.
둘이 만나 산책을 하던 날, 톨킨이 루이스에게 말했어요.

"자네가 아직 모르는 것은 상상력이 부족하다는 사실이네."

오늘날 세상의 많은 불행은 상상력 부족에서 온다고 생각해요.
기독교든 불교든 종교가 푹 가라앉는 것도 상상력 부족 때문일 겁니다.
종교만이 아니라 정치현실도 마찬가지고, 도시도 상상력 부족으로 삭막해질 때가 많아요.

상상력 부족은 비유나 유머, 융통성 부족이에요.
그리고 시와 예술과 멀어져서예요.
새로운 세계나 내일이 꽤 괜찮을 거란 희망이 잘 보이지 않는다는 뜻도 되고요.

가난해도 행복해지는 방법

나는 일상 속에서 횡재의 기쁨을 누리며 살려고 애씁니다.

얼마 전 꽃집에서 만 원짜리 오색 맨드라미 화분을 3천 원에 사는 횡재.

수면통장에 이자가 붙은 횡재.

중고 프라다 가방을 3만5천 원에 입수한 횡재.

단골카페 테라스에 앉아서 본 저녁 해가 오렌지같이 예쁜 횡재.

파란 하늘을 보다가 내 몸도 푸르게 물드는 신나는 횡재.

책벌레라는 별명을 가진 딸아이가 잘난 척 할때도 횡재란 푸른 물결이 출렁거려요.

오늘따라 유난히 돌아가신 어머니 기억이 너울거려 횡재 대박이네요.

꿈에서도 못 만나 슬펐거든요.

많이 가지면 뭐하겠어요.

신경 쓸 게 많아지고 지키느라 고통스럽기만 하지.

나는 많이 소유하는 것보다 아주 재밌는 인생을 꾸리고 싶습니다.

완전한 무욕은 아직 힘들지만, 자꾸 비워야 타인에 대한 사랑도 커지고 나란 존재가 물과 같이 됨을 알아요.

가난은 행운이라고 솔즈베리 요한이 말했죠.

가난할 때 참 많은 것을 이룹니다.

잘 안 보이던 것들도 보이고 모든 땅은 하느님이 깃든 영혼의 땅이라는 것을 경험할 수 있죠.

극빈자가 아니라면 부와 가난의 차이는 물질이 아니라 정신의 차이라고 생각해요.

가난의 고통을 짊어지려 태어난 이는 아무도 없겠지요.

삶이 빈곤함을 당연하게 받아들인 채 행복을 꿈꾸지도 못하고 체념해 산다면 안 되겠지요.

가난으로 고통을 받는다면 마음을 바꿔보세요.

마음속을 가난이 아니라 풍요로움, 행복, 자유의 이미지로 채워보세요.

내가 꿈꾸는 이미지와 말로 내 속을 채워나가면 삶은 바뀌더군요.

반드시.

극심한 가난 속에서 멋진 인격을 갖추기는 쉽지 않다고들 합니다.

혹독한 가난 속에서도 영혼을 잃지 않는 사람도 있습니다.

그것도 마음의 문제니까요.

자발적 가난은 스스로 택한 정신적 삶의 가치를 중시하며 내가 가진 것을 세상과 나누려는 가난입니다.

고통과 형벌로서의 가난은 자본주의에 길들여지고 닳아버린 사람들이 갖는 개념이에요.

고통스런 가난에 길들여진 삶에서 나는 조금 비껴나 있긴 해요.

정신적으로 풍요로운 사람이 가장 축복받은 사람이라고 생각해요.

많이 배우고 못 배우고가 절대 아닙니다.

마음부자가 많을수록 세상도 살기 좋아지겠죠.

나를 잘 아는 방법

새벽 두시.

비가 쏟아지네요.

시원한 바람이 내 몸을 휘감는 듯해요.

꼭 바닷가에 서 있는 것 같아요.

감미로워지는 것은 큰 위험을 느끼지 않기 때문이에요.

라디오에서 흘러나오는 쳇 베이커의 'She was too good to me'가 좋아요.

아주 잘 부른다기보다 슬픔을 아는 목소리예요.

그 슬픈 목소리를 따라가며 많은 생각을 했어요.

당신은 일, 일, 일 속에 파묻혀 자신을 볼 시간이 없네요.

왜 사는지, 어디로 가는지, 뭘 좋아하고 어떻게 하고 싶은지도 모른 채 남들이 가니까 가진 않는지요.

남들이 대학 가니까 가려 하고, 남들이 좋아하니까 따라서 좋아하는 것도 많을 겁니다.

남들이 싫어하니까 싫어하는 것도 많을 거예요.

이제 자신의 내면을 차분히 살필 시간이 필요합니다.

단순해져야 내면도 잘 보이겠죠.

단순해져야 인생의 핵심이 보입니다.

나를 잘 아는 방법은 고독, 침묵, 기도입니다.

그 속에서 비로소 자신을 알게 돼요.

고독은 자신의 절실함에 귀 기울여 기도하는 시간입니다.

인생의 목적과 가치를 다시 다지는 시간이니 이때의 외로움은 축복된 고독임을 잊지 마세요.

외롭다고 한탄하며 보내는 사람보다 좀 더 깨어 있는 고독한 당신이 훨씬 풍요로워질 겁니다.

생선 한 마리와 인생의 신비

하루 종일 집에 있는 날.

한참을 침대에 쓰러져 있다가 겨우 일어났어요.

어지러진 방, 수북한 설거지 거리를 보니 밥 먹고 싶은 생각이 사라졌어요.

그래도 밥은 먹어야죠.

오늘 점심은 뭘 먹을까?

오래된 굴비 한 마리를 구우며 라디오를 틀어요.

눅눅한 일상 속에서도 뭔가 발견하고자 세심한 애정을 기울이면 생선 한 마리에서도 인생의 신비가 느껴져요.

그동안 그런 신비함을 못 느낄 만치 헤매고 다녔어요.

밥을 같이 먹을 사람도 없이, 요리 재미도 못 붙이면서 부엌살림만 늘어났죠.
냉장고를 열면 먹다 남은 파프리카 곰삭은 게 눈에 띄어요.
고추장통은 쓰러져 찌든 엿기름이 침을 흘리고 있고, 계란은 동그란 껍질 안에서 곪아가고 있었죠.
지치고 피곤해 모든 힘을 잃은 채 포기와 체념 속에서 보낸 나날의 흔적들은 냉장고에도 고스란히 담겨 있었어요.
그야말로 멸망의 종합선물세트였죠.
냉장고가 식자재의 안식처가 못 되고 집이 사랑 가득한 안식처가 못 되니 누가 오겠어요?

정신이 번쩍 들어 다짐했어요.
왜 이리 춥지, 무얼 입지, 무얼 먹지 하며 짜증 내지 않기로 했어요.
부정적인 에너지는 반짝반짝 빛나는 꿈의 대걸레로 밀어내니 나도 나만의 향기로 충분히 그레이스하더군요.
오늘은 나를 위한 날이에요.
나를 위해 풍성한 먹을거리를 준비해둘래요.
생각만 해도 힘이 나네요.
당신도 지치고 힘들어도 포기하지 마세요.
태양처럼 찬란한 시간이 올 거예요.

언제든 도움이 필요하면 말하세요.

기꺼이 도울게요.

신앙의 힘

윌리엄 제임스는 이렇게 말했어요.

"신앙은 인간이 살아가는 데 필요한 힘입니다. 신앙이 없다는 것은 허탈함을 의미합니다."

아주 공감합니다.
그런데 오늘 만난 스물아홉 살 후배는 윌리엄 제임스의 말이 잘 안 와 닿는다고 하네요.
내가 말했어요.

"부모님 중 한 분이 몹시 아프거나 세상을 떠나시는 날 뼈저리게 느낄 거야."

그러자 후배가 말했어요.

"저는 세례를 받았는데도 신앙의 힘을 아직 모르겠어요. 혼이 있다고 믿긴 해요."

자신의 한계를 느끼거나 인생의 막다른 골목에 들어선 사람들은 신에게 매달립니다.
이런 말이 있어요.

「1인용 참호에 무신론자는 없다.」

막다른 곳에 이르면 다들 신을 찾더군요.
나는 스물한 살에 영세를 받았어요.
나도 신앙문제로 고민하며 오랜 세월 식구들과, 그리고 나 자신과 싸웠어요.

휴지통 비우기

집에 있으면 치울 게 왜 이리 많은지 몰라요.
치워도 치워도 끝이 없는 게 살림이에요.
하지만 이 생각도 잘못된 것이에요.
제대로 치우면 끝은 보여요.
쓸데없는 것들이 자꾸 쌓이면 도망가고 싶거나 이사 가고 싶어져요.
쓸쓸하도록 텅 빈 방이 한없이 그리울 때면 도서관에 가서 작업을 했어요.
어질러진 방에서는 맘껏 책을 읽거나 글을 쓰지 못하니까요.
지금부터 삭제 키를 누르세요.
집 안 모든 문이 잘 여닫히도록 바닥에 떨어진 게 있는지 살펴보세요.

창밖 풍경이 지저분하면 예쁜 그림의 블라인드를 달아보세요.

집 안이나 사무실에 쌓여 있는 잡동사니, 해가 지나도록 안 쓰는 물건, 끝내 안 입을 옷은 재활용통에 넣어주세요.

다 버리고 나니 집이 카페가 되고 도서관이 됐어요.

아, 참 휴지통을 아직 안 비웠네요.

내 마음 휴지통에 당신이 있군요.

버릴까 말까 4년째 고민 중이에요.

지루한 저도 같이 버릴까요?

공간이동은 가장 좋은 재충전법

나이를 먹는다고 상처가 없는 건 아니에요.
딱히 마음이 강해지는 것도 아니고요.
살다보니 내게 상처 준 사람도 있고, 나도 모르게 내가 남에게 상처 준 경우도 있겠죠.
어찌보면 살아낸다는 것은 헤아릴 수 없는 고통과 아픔과 고독을 견디는 것임을 이젠 알아요.
그래서 무수한 각오가 필요한 거죠.
이런 것에서 벗어나고 싶을 때 한옥에 가요.
한옥이 없다면 한옥 카페라도 갑니다.
한옥의 즐거움은 마당을 거닐거나 마루에 앉아 마당을 바라볼 수 있다는 거예요.

주방이 딸린 마루는 아담하고 아늑하죠.

갈색 나무 바닥은 다치기 쉬워 조심스럽지만, 천연의 친밀감으로

시원하면서도 푸근해요.

이 마루에 앉아 마당을 바라보면 하루가 참 느리게 흘러가요.

한옥의 힘은 시간이 느리게 간다는 것에 있지 않을까요?

오늘은 아무도 만나고 싶지 않아요.

쓸쓸해도 호젓하게 보내렵니다.

낡은 상장, 통지표의 위력

시간이 어떻게 됐는지 알고 싶어 시계를 찾았어요.

시계는 없었지만 서랍 깊은 구석에 초등학교 때 받은 상장과 통지표가 고스란히 있지 뭐예요.

저는 초등학교와 중학교까지의 통지표를 보관하고 있어요.

고등학교 시절은 몽롱하게 보낸 탓에 성적이 떨어져 통지표를 모아두지 않았죠.

아무튼 초등학교와 중학교 때 통지표가 살아가는 데 큰 힘이 되었어요.

인생의 고난이 심했던 시절에도, 자신감이 없어 웅크리고 있던 때도 책상서랍을 뒤지다가 통지표를 보면 힘이 나곤 했죠.

내가 시인, 작가로 활동하는 게 신기할 정도로 어릴 때 꿈은 화가

였죠.
6학년 때 통지표를 보니 살그머니 웃음이 납니다.

「발표력이 좋으며 글짓기도 잘함. 기악에 자질이 있음. 풍경화와 정물화, 초상화를 잘 그림. 매사에 성의가 있고 민첩함. 타의 모범이 됨. 피아노, 목금, 피리를 잘 다루고 소질이 다분함. 다방면에 자질이 있으며 책임감이 강하고 학과 성적도 우수함. 경어와 비어를 잘 구별해 쓰며 의체가 항상 청결함.」

중학교 2학년 성적표는 제 인생에 희망을 주기도 해요.

「무슨 일이든 적극적이며 정직하고 모범적이고 신망이 두터움.」

통지표를 보다 보니 엄마 생각이 밀물처럼 밀려옵니다.
고등학교 입학 후 성적이 뚝 떨어져 의기소침한 나를 편안히 대해주던 엄마.

따뜻한 방에서 몸 지지기

내가 제일 좋아하는 순간은 힘든 하루를 끝내고 집에 돌아와 따스한 구들장 위에 누워 몸을 지지는 것이죠.
이렇게 누워 하루를 무사히 보낸 것을 감사하고 지나온 것을 그리워하죠.
부족한 것이 별로 없는 지금보다도 행복했었구나 싶은 어릴 적 기억을 떠올려봅니다.
방 한 칸에 부모님과 4남매가 누워 아랫목 한 이불 속에 시린 발 묻어놓고 도란거리다가 누가 먼저랄 것도 없이 스르르 잠들던 어릴 적 말입니다.
쌀밥이 귀해 찐 감자나 고구마를 먹고 누군가 피식피식 방귀를 뀌면, 소리를 지르며 방문을 열곤 했었죠.

포도잼 김치볶음

함께 특이한 요리를 먹으면 좀 더 가까워지는 거 아세요?

내가 할 수 있는 특이한 요리법을 소개할게요.

들깨 된장국.

두부가 없어 삶은 호박과 밤 가루를 둥글게 빚어 함께 끓였어요.

나중에 된장을 넣어 팔팔 끓인 후 들깨가루를 넣었죠.

별로 특이하지 않다고요?

좀 더 기다려 보세요.

신김치에 냉장고에서 굴러다니는 오래된 포도잼을 넣고 볶았어요.

신김치의 쾌쾌한 냄새가 사라지고 포도의 단 향이 숟가락을 뜰 때 마다 나네요.

맛은 모르겠으나 매력 있는 맛이에요.

누군가와 함께 먹으면 특이한 맛에 웃다가

행복해질 것만 같네요.

당신은 뭐든 잘 해낼 수 있어요

당신이 나를 껴안아주는 꿈을 꾸었어요.

부드러운 당신의 품이 그리웠거든요.

아무것도 하기 싫은 날이 길게 이어지곤 했는데, 아무것도 하기 싫은 시간들을 툭툭 털고 일어서니 당신의 시선이 느껴졌죠.

당신이 지켜봐주니 매혹적인 힘을 느꼈어요.

뭔가에 참을 수 없이 매혹된다는 게 우리 인생에는 있어요.

인생은 언제 어떻게 될지 아무도 몰라요.

이제 달콤한 나날들이 시작될 거예요.

다시 일어나요.

우리는 뭐든 잘 해낼 수 있어요.

외모를 가꿀래요

지하실처럼 어두운 표정을 지우고 앞으로 나가보세요.

경품으로 받은 싸구려 티셔츠, 허접한 추리닝 차림은 하지 마세요.

언제 어디서든 꿈꾸던 인연을 만날지 모르잖아요.

옷차림에 따라 마음이 달라지고 사람이 달라보입니다.

매혹적인 사람이 되고 싶다면 거울을 보고 목소리를 낮추고 말투와 표정을 평소와 완전히 다른 모습으로 바꿔 봐요.

이제 정신 차려보세요.

절대로 자신에게서 도망치려 하지 마세요.

나를 행복하게 하는 건 바로 나예요.

여자

나는 여류시인이라는 말에 분노했어요.
남류시인이라고 하지 않잖아요.
여성들을 여류라는 감옥의 말로 가두지 말아주세요.
여교사, 여경, 여군, 여직원, 여배우, 여성장관, 여대생….
이런 말들로 아파해야 했던 여성들을 위해 이 시를 썼어요.

나의 시는
오르는 물가를 잠재우지 못하고
병든 자의 위로도 못 되고
뜨거운 희망을 일깨우는 망치솔도 못 되고
네 상처의 주름살도 지우지 못하고

그래, 아무 힘도 못 되지

그래도 날 여류시인이라 부르진 마
여류가 뭐야? 이쑤시개야, 악세서리야?
여류는 화류란 말의 사촌 같으니
여자라는 울타리에 가두지 마 폄하하지 마

녹슬지 않기 위하여

초겨울의 어느 아침.

가족과 함께 해 지는 바다를 달렸어요.

생명을 지닌 건 저마다 외로워 서로 뭉쳐야 정신적 안정감을 느끼나 봐요.

거친 파도소리처럼 생명력 넘치는 소리에 더 신이 났어요.

회를 먹고 식구들보다 먼저 일어나 달리기를 하러 나갔어요.

잠깐 달리기를 하고 나서 식구들이 타고 올라가려는 엘리베이터 문이 닫히기 직전에 얼른 뛰어 들어갔어요.

"누나 아직 녹슬지 않았네?"

"내가 왜 벌써 녹슬어?"

식구들이 나를 놀려댔죠.
벌써 녹슬면 어떡해요.
청춘은 이제 시작인데.
여전히 손에 닿는 것마다 푸르고 여린 감촉에 가슴이 떨릴 지경인데.
누구나 늙지요.
얼마나 현명하게 노후를 준비하느냐에 따라 삶은 달라져요.
몇 가지 질병만이 피할 수 없는 운명이에요.
젊다는 건 움직임을 뜻하죠.
몸과 정신 모두 그래요.
매일 30분 정도 산책하거나 15분 정도 체조만 해도 콜레스테롤 수치가 내려가고 골밀도가 높아진대요.
몸이 자극을 받게 되면 뇌의 혈액순환이 좋아지고 전달 물질이 많이 생겨서 기억손상과 우울증에 걸릴 확률이 낮아져요.
과식은 금물이고, 소시지나 곱창 같은 고지방 음식은 많이 먹으면 심장질환이나 암을 유발하죠.
가족력 때문에 당뇨 위험이 높은 사람은 날씬한 몸매를 유지하고 많이 움직이고 무조건 노력해야 해요.

당뇨는 혈관, 신장, 눈, 심장, 뇌를 손상시켜요.

골다공증 위험이 있는 사람은 칼슘을 많이 섭취하고 운동으로 뼈를 자극하는 것이 필요하대요.

근육훈련을 서른에 시작해도 일흔 살엔 근육이 절반도 안 남는다고 해요.

그러니 맨손체조라도 해야죠.

나는 재즈, 요가, 맨손체조, 막춤을 섞어찌개로 몸을 풀어주곤 했죠.

우리 몸은 그 정도 움직임만으로도 근육세포들을 자극해요.

부지런한 움직임이 신경세포 유지와 두뇌회전의 훌륭한 자극제라고 하니 열정적으로 움직여보세요.

그러나 마음을 행동으로 옮기는 게 쉽지 않죠.

그날 밤 녹슬지 않겠다고 다짐하며 뛰고 나서 차 안에서든 방에서든 잠이 쏟아져 내리 누워있었답니다.

서른 살 때의 마음을 이어가려면 육신을 말랑말랑하게 지켜야 해요. 독서와 다양한 문화체험으로 영혼을 가꾸고 운동으로 열정과 활력을 지속시켜보세요.

쉬잇, 부정적인 말은 꺼내지도 마세요

부정적인 기운 박멸!

단정하는 말은 안 하는 게 좋아요.

부정적으로 말하는 사람은 결핍이 많고 어리석어 보이지요.

따스한 눈으로 세상을 바라봐요.

긍정적인 빛을 구하면 더욱 빛나는 자신을 만나요.

인생은 저마다 도를 닦는 거예요.

혼자 살라는 지옥의 말

싱글들은 자유롭게 혼자 살라는 말을 많이 들어봤을 거예요.
자유롭게 혼자 살라는 말이 나에게는 지옥의 말로 들려요.
쓸쓸히 홀로 사는 사람들 앞에서 함께 사는 걸 불평하는 건 좀 이기적이에요.
그들의 불평 속에 은근 자랑이 숨어 있거든요.
싱글들은 대부분 짝을 못 만나 혼자 사는 거예요.
얼른 짝을 찾으라는 말도 상처가 될 수 있겠죠.
이런 말들로 상처받은 모두에게 따스한 마음의 차 한잔 드릴게요.

새로운 일을 시작하기 위한 시간은
언제나 남아 있어요

일상의 소소한 좌절, 경제적인 고민, 세월의 빠름, 나이를 먹는 안타까움과 슬픔.
그리고 내일은 지금보다 나아야 한다는 초조함과 불안.
무언가 시작하기엔 너무 늦지 않았을까.
이런 마음은 저 땅 밑을 헤매고 있어요.
이럴 때 근사한 풍경 속을 배회하다보면
조용히 가슴을 치던 글귀들이 생각나요.

「감사하는 것과 새로운 일을 시작하기 위한 시간은 언제나 남아 있다.」

아름다운 풍경을 볼 때마다 조금씩 낮아지는 음계처럼 내 혼도 내려갑니다.
풀처럼 은근한 싱그러움이 전해오는 말이나 대지의 풍광은 매일 펼쳐집니다.
조금도 나아지지 않는 생활에 싫증 나 아아, 미칠 것 같아 하는 뇌까림이 새어나오던 자신을 부끄럽게 만드네요.

'그래, 내가 감사하는 마음을 잊고 지냈구나. 무엇이든 새롭게 일을 시작할 수 있어.'

그런 마음이 새 물결처럼 일렁여요.

맨오브라만차

아무것도 하기 싫은 날, 침대에 누워 펼친 책은 세르반테스의《돈키호테》였어요.
스페인의 위대한 작가들의 책을 쌓아두고만 있다가 스페인 여행을 다녀와 처음 읽어봤어요.
《돈키호테》는 몸집이 꽤 있는 책이라 큰맘을 먹어야 했어요.
그대 이름은 돈키호테.
왜 이 흥미로운 책을 다 아는 기분이 들까요?
세계적인 명작들은 익숙해서 오히려 잘 안 읽게 되는 것 같아요.
이미 다 알고 있다는 착각은 어디서 오는 걸까요?
하루 종일 돈키호테와 함께하며 이 대목이 한입에 쏘옥 빨려드는 크림빵처럼 가슴에 쏘옥 들어왔어요.

이룰 수 없는 꿈을 꾸고,
이루어질 수 없는 사랑을 하고,
이길 수 없는 적과 싸우고,
견딜 수 없는 고통을 견디며
잡을 수 없는 저 하늘의 별을 잡자.

나도 오늘은 크림빵처럼 달콤한, 그 이룰 수 없는 꿈을 소망해봐요.

심장을 쉬게 하는 나무 그늘

사람의 몸에서 감정에 가장 솔직하게 반응하는 장기는 무얼까요?

심장이에요.

심장은 두려움과 아주 깊이 이어져 있어요.

심장은 우리 의지와 상관없이 뜀박질을 하죠.

심장이 하나의 홀로된 생물체처럼 느껴질 때가 있어요.

심장은 우리의 감정을 아주 솔직하게 표현해요.

사랑, 미움, 설렘, 불안 등에 따라 맥박이 마구 달리기를 하죠.

잠을 못 자면 심장은 돌덩이처럼 무거워져요.

나도 13년 동안이나 불면증에 시달린 경험이 있어요.

당신도 불면증에 시달린다 했죠.

어느 날, 당신은 잠을 못 잔 채 일터로 갔어요.

잠을 못 잤으니 머리가 바늘집이 된 느낌이겠죠.
일터에서 당신은 온통 자신에게 집중되어 어두운 표정으로 손님을 대합니다.

"저 물건 좀 보여주세요."

"네."

무뚝뚝한 표정으로 손님을 대하니 손님은 내심 뭐가 문제이기에 저렇게 무표정하게 손님을 대할까 신경이 쓰이겠죠.
내일 날씨는 맑을까, 맑으면 무슨 옷을 입을까, 저녁은 뭘로 하지 하는 작은 선택에서 먹고사는 중대한 일에 이르기까지 해결하지 못한 문제들로 스트레스가 쌓이곤 하죠.
어떤 일이든 선택해야 하는 상황이 수시로 펼쳐져 그때마다 고민하게 되죠.
최고로 좋은 걸 골라야 하는 선택의 순간들은 매일 있어요.
그때마다 심장은 뒤척입니다.
뒤척이지 마.
하고 반말 쓰고 싶어요.

그 심장 나한테 줘 봐.

알람시계처럼 밥을 넣어줄게.

두 근 반, 세 근 반, 든든한 고기도 넣고 성큼성큼 스케일 크게, 당대하게 두려움을 넘어가는 신발도 넣어줄게.

손편지로 울게 해봐

내가 누군가를 사랑하는 이유는 기다릴 수 있기 때문입니다.
만남이 멈추더라도 그대를 향한 변함없는 사랑을 노래하고 싶어요.
제가 쓴 시 〈세기말 블루스 1〉을 읊어볼까요.

곧 잊을 수 없는 저녁이 올 거야
죄와 악이란 말을 잊었듯이 그 저녁도 잊을 거야
잊혀진 사람과 사라진 동물을 적어봐
별을 삼키고 속죄의 시를 적어봐
오늘은 컴퓨터 냄새가 싫으니까
손으로 쓴 편지로 나를 울게 해봐

사랑은 우리에게 위안과 기쁨을 주는 것이지만 영원하지 못하기 때문에 세월의 흐름과 함께 언젠가는 변하기 쉽죠.

헤어짐의 고통을 극복하기 위해서는 영원히 변치 않는 기다림을 사랑해야 해요.

모든 걸 끌어안는 넓은 가슴으로.

멘토 찾아뵙기

언젠가 복주머니 만드는 아주머니를 만난 적이 있어요.
돈이 들어가면 오직 좋은 일에만 쓰일 것 같은 복주머니였어요.
아주머니가 내어준 녹차를 마시며 대화를 나누었죠.
내가 그녀에게 물었어요.

"도시사람들은 뭐든 빨리빨리 성취해야 한다는 강박증이 있어요. 그렇다고 삶의 질이 높아지는 것도 아닌데 말예요. 이렇게 각박해질수록 문화를 향유하려는 노력이 중요하다고 봐요. 아주머니 생각은 어떠세요?"

"빨리빨리 서두르며 살다보면 사는 의미를 잊어버려요. 생활에 딸

려가게 되지, 내 생활을 내 맘대로 할 수 없게 돼요. 어차피 세월은 가거든요. 저는 몸이 생활에 끌려가는 게 싫어서 여유를 갖고 미리 느끼려고 해요. 여름이 오기 전 발을 꺼내 달거나 겨울에 얼른 봄 향기가 나는 테이블보로 바꾸는 것 같은."

그분의 지혜를 가슴에 담고 마음을 종이처럼 가볍게 해야겠어요.
바람 불면 부는 대로 없으면 없는 대로 여유롭게 살겠단 생각으로 아주머니와 나는 계속 이야기꽃을 피워갔어요.
시간이 지날수록 값진 대화가 이어졌지요.
이야기를 나누다가 문득 현대인의 바쁜 생활이 위험하게 느껴졌어요.
순간 그것이 기회라는 사실을 깨달았어요.
위기라는 단어가 위험과 기회를 뜻하는 두 한자어로 이루어졌다고 하죠.
위기란 무언가를 변화시킬 좋은 기회임을 나는 기쁜 마음으로 받아들였어요.
순간을 잘 살라는 얘기를 한 작가, 명사들은 부지기수죠.
톨스토이는 이렇게 말했어요.

"세상에서 가장 중요한 때는 바로 지금 이 순간이고, 가장 중요한 사람은 지금 함께 있는 사람이고, 가장 중요한 일은 지금 내 곁에 있는 사람을 위해 좋은 일을 하는 것"

사람은 늙어서도 늘 새로운 것을 배우고 경험하죠.
로마의 시인 호라티우스는 〈현재를 즐겨라〉라는 시도 썼어요.
괴로운 상황에서도 최상의 것을 만들며 순간을 영원으로 수놓으라는 것이죠.
지금 이 순간의 향기, 소리, 맛을 강렬히 느끼는 것.

"가장 많이 산 사람은 장수한 사람이 아니라 삶을 가장 많이 느낀 사람이다"

루소는 이렇게 말했어요.
지상에 소풍 와서 돌아가는 날, 다 버려도 진정 가질 수 있는 것이 있다면 우리의 온 감각으로 맛본 삶의 느낌뿐이겠지요.

안절부절못하는 당신에게 드리는 거울

자신의 참모습을 만나야 해요.

어떻게 만날까요?

먼저 도망치려 하지 마세요.

친절한 표현들을 찾아보세요.

파지 줍는 할머니에게 이렇게 말을 건네면 어떨까요.

"더운데 고생이 많으세요."

마음속에 담아만 두었던 친절한 표현들을 밖으로 하나씩 꺼내보는 거예요.

그리고 거울을 보세요.

솔직한 마음들이 거울에 비치기 시작하나요?

자, 이제 내면의 깊은 느낌과 생각과 감각을 모두와 나눠 봐요.

나부터 좋은 사람 되기

때론 지치고 쓸쓸하고 그리움에 수초처럼 흔들려도 잠잠히 나부터 좋은 사람 되기.

나머진 다 신께서 알아서 해주시겠지 하고 마음을 비웁니다.

우리는 하루에도 몇 번씩 천국과 지옥을 오갑니다.

스스로 왕비가 되어 우쭐했다가 서울역 노숙자가 된 듯이 스스로 비참해집니다.

그렇게 기분이 끝없이 오르락내리락합니다.

세상 모든 만물과 현상은 고정된 모습이 아니라 우리들이 보는 시각에 따라 바뀌어요.

이때 너무 심각하게 생각하지 말라는 거죠.

혹시 습관이 된 건 아닌지 살펴보세요.

뜨끈뜨끈한 국밥이나 칼국수라도 먹으면 노숙자의 비참한 기분에 빠지진 않아요.
먹을 때만큼은 깊이 사랑받는 듯이 따스해지니까요.
우리의 인간성은 주는 행동에서 가장 활짝 꽃핀다고 했던 헨리 나우웬의 말이 떠올라요.
미소, 악수, 키스, 포옹, 사랑의 말, 선물….
줄 수 있는 것은 무엇이든 주세요.
방이 몹시 어질러져 있군요.
내가 청소기라도 돌려드릴까요.

초대장

상처받은 이에게 귀를 기울여보세요.

돈만 많이 벌면 된다고 생각하지 말고 상처받은 사람들도 돌아봐요.

그리고 나에게 상처받았을 사람들이 있나 둘러보세요.

함께 아파할 준비가 되었다면 그들에게 초대장을 보내세요.

도저히 견딜 수 없을 것 같은 일도 함께라면 참아낼 수 있어요.

초대장을 보내고 나니 마음이 편해졌어요.

이토록 집이 편해진 게 얼마만인지 몰라요.

나가기가 싫을 정도랍니다.

시간은 더 이상 지루하지 않아요.

밥 세끼 해먹고, 작업하고, 방청소만 해도 하루가 다 저물어요.

이게 인생이겠죠.

주변에 아픈 사람이 많아 가슴이 조마조마해요.
정든 이들에게 마지막으로 줄 것이 있다면 무언지 생각해보세요.

함께할 시간이 많지 않아요.
서둘러 초대장을 보내야겠어요.

음담패설 카페

어제 공부모임 후 술자리에서 남자 교수님, 여자 교수님 할 것 없이
음담패설을 과일 깎아 내오듯 편히 말하시더군요.
음담패설은 가끔 긴장을 풀고 웃음을 선사하기도 합니다.
아무리 그래도 사람은 놔두고 과일만 벗기세요.

비밀을 털어놓아요

우리 사회는 은연중에 속마음을 감추는 게 장려되었고, 비밀을 털어놓는 사람은 어떤 식으로든 피해를 보게 되었죠.
그렇게 오랜 세월 억압구조 속에 있었어요.
비밀을 털어놓는다는 게 우리 사회에서 어떤 의미를 가질까요?
지금도 양심고백을 한 사람들은 고통받고 있잖아요.
하지만 그런 과정을 통해 투명한 사회가 이루어지는 것인 만큼 양심의 소리를 따르는 고백은 바람직하고 꼭 필요하다고 생각해요.
간직해서 아름다운 비밀이 있고, 털어놓은 뒤에야 아름다워지는 비밀이 있죠.
털어놓지 않는 비밀이 많다는 건 그 자체로 사회적인 부담이자 위협이에요.

건강하고 투명한 사회를 위해 익명으로라도 비밀 털어놓기는 아주 바람직한 스트레스 해소법이 된다고 생각해요.
아무리 익명이라도 비밀에는 책임이 따르게 마련이에요.
어렵게라도 고백함으로써 그 비밀에 대한 책임감이 생기고 스스로 치유하려는 자세가 생기지 않을까요.
비밀을 털어놓는 자와 그것을 듣는 자가 서글픈 욕망과 외로움을 되돌아보고 같은 마음이 될 거예요.
그러면서 나 혼자만 외로운 게 아니었구나, 우리 모두 외롭구나 하는 인간으로서의 따뜻한 연대의식이 생기겠죠.
그것이야말로 비밀 털어놓기의 큰 의미일 거예요.

1초의 낙화에 인생의 절정과 몰락이 있다

1초의 선택으로 근심은 기회가 되거나 더 큰 근심이 되기도 해요.

당신이 그리웠다는 1초의 한마디로 인생은 큰 용기가 되지요.

조만간 내게도 그런 기쁜 소식이 왔으면 해요.

그 기쁜 소식을 그리워하며 봄 향기에 취해 다녔어요.

아무것도 하기 싫은 오늘이

나를 사랑하기 좋은 날이죠.